Steckels Shake-Speare

William Shakespeare

The Tempest
Der Sturm

Titelbild: Die Zeichnung auf der Titelseite findet
sich im Internet unter dem Suchwort ›dagon.jpg‹.
Der Ursprung ist unbekannt.

Rückseite: Karl Kraus, Postskriptum zum letzten Brief
an Sidonie Nádherny vom 15./16.5.1936
aus: Karl Kraus, Briefe an Sidonie Nádherny von Borutin 1913-1936
Hg. von Friedrich Pfäfflin © Wallstein Verlag, Göttingen 2005
Reproduktion mit freundlicher Genehmigung
des Brenner-Archivs, Universität Innsbruck

*Der Übersetzer dankt
Herrn Oberleutnant zur See zur Reserve
Harm Haslob, Bremen.*

Bühnenrechte beim Verlag der Autoren

© Verlag Uwe Laugwitz,
D-21244 Buchholz in der Nordheide, 2017

ISBN 3-978393077-46-2

The Tempest
Der Sturm

Der Sturm

Actus primus, Scena prima.

*A tempestuous noise of Thunder and Lightning heard: En-
ter a Ship-master, and a Boteswaine.*

Master.
  Bote-swaine.
Botes. Heere Master: What cheere?
Mast. Good: Speake to th'Mariners: fall
  too't, yarely, or we run our selues a ground,
  bestirre, bestirre.   *Exit.*
                Enter Mariners.
Botes. Heigh my hearts, cheerely, cheerely my harts:
  yare, yare: Take in the toppe-sale: Tend to th'Masters
  whistle: Blow till thou burst thy winde, if roome e-
  nough.
     Enter Alonso, Sebastian, Anthonio, Ferdinando,
              Gonzalo, and others.
Alon. Good Boteswaine haue care: where's the Ma-
  ster? Play the men.
Botes. I pray now keepe below.
Anth. Where is the Master, Boson?
Botes. Do you not heare him? you marre our labour,
  Keepe your Cabines: you do assist the storme.
Gonz. Nay, good be patient.
Botes. When the Sea is: hence, what cares these roa-
  rers for the name of King? to Cabine; silence: trouble
  vs not.
Gon. Good, yet remember whom thou hast aboord.
Botes. None that I more loue then my selfe. You are
  a Counsellor, if you can command these Elements to si-
  lence, and worke the peace of the present, wee will not

I. Akt 1. Szene

Stürmischer Lärm von Blitz und Donner
Kapitän, Bootsmann, Matrosen

KAPITÄN Bootsmann!

BOOTSMANN Bin da, Käptn: und die Laune?
KAPITÄN Gut. Red der Mannschaft zu: haut ran, mit aller Kraft, oder wir laufen auf! Macht hin, macht hin! [*Pfiff*]

BOOTSMANN Macht hin, Männer, haut ran, Männer, haut ran! [*Pfiff*] Marssegel einholen! Hört auf die Pfeife vom Käptn! [*Pfiff*] Pfeif bis du platzt, nur schaff uns Seeraum.

Alonso, Sebastian, Antonio, Ferdinando, Gonzalo und andere

ALONSO Bootsmann, Bester, schön vorsichtig! Wo ist der Kapitän? Zeigt, daß ihr Kerle seid!
BOOTSMANN Bitte unter Deck zu bleiben. [*Pfiff*]
ANTONIO Der Kapitän, wo ist er? Bootsmann! [*Pfiff*]
BOOTSMANN Hört Ihr ihn nicht? Ihr stört hier. [*Pfiff*] Bleibt unten. Ihr helft bloß dem Sturm.
GONZALO Nicht doch, guter Mann, habt Respekt.
BOOTSMANN Wenn die See ihn hat. Aus dem Weg! Was schert das die Brecher, was ein König ist? In die Kabine! Mund halten! [*Pfiff*] Laßt uns machen.
GONZALO Guter Mann, vergiß nicht, wen du an Bord hast.
BOOTSMANN Niemand, der mir lieber ist als ich. Ihr seid ein Staatsrat: befehlt den Elementen Frieden und sorgt für Ruhe und wir fassen keinen Tampen mehr an. [*Pfiff*]

hand a rope more, vse your authoritie: If you cannot, giue thankes you haue liu'd so long, and make your selfe readie in your Cabine for the mischance of the houre, if it so hap. Cheerely good hearts: out of our way I say. *Exit.*

Gon. I haue great comfort from this fellow: methinks he hath no drowning marke vpon him, his complexion is perfect Gallowes: stand fast good Fate to his hanging, make the rope of his destiny our cable, for our owne doth little aduantage: If he be not borne to bee hang'd, our case is miserable. *Exit.*

Enter Boteswaine.

Botes. Downe with the top-Mast: yare, lower, lower, bring her to Try with Maine-course. A plague ———
A cry within. Enter Sebastian, Anthonio & Gonzalo.
vpon this howling: they are lowder then the weather, or our office: yet againe? What do you heere? Shal we giue ore and drowne, haue you a minde to sinke?

Sebas. A poxe o'your throat, you bawling, blasphemous incharitable Dog.

Botes. Worke you then.

Anth. Hang cur, hang, you whoreson insolent Noysemaker, we are lesse afraid to be drownde, then thou art.

Gonz. I'le warrant him for drowning, though the Ship were no stronger then a Nutt-shell, and as leaky as an vnstanched wench.

Botes. Lay her a hold, a hold, set her two courses off to Sea againe, lay her off.

Enter Mariners wet.

Braucht Eure Amtsgewalt: könnt Ihr das nicht, dankt dem Himmel für Euer langes Leben und präpariert Euch, in der Kabine, für Euer letztes Stündlein, wenns so kommt. [*Pfiff*] Haut ran, Männer. [*Pfiff*] Aus dem Weg, sag ich. *Ab.*

GONZALO Für mich ist der Kerl ein gewaltiger Trost. Nach Seemannstod sieht der mir nicht aus, der hat ein völliges Galgengesicht. Gütiges Fatum, bleibe dabei, daß er hängen soll, aus seinem Henkerseil dreh uns einen Lebensfaden, denn der unsere macht nicht mehr viel her. Ward der Knabe nicht zum Galgenvogel geboren, steht es grimmig um uns. [*Pfiff*]

BOOTSMANN Marsstenge abfieren! Und Tempo! Weiter ab, weiter ab! [*Pfiff*] Unter Großsegel beidrehen!

Geschrei unter Deck.

Die Pest auf das Geschrei! Die machen mehr Krach als der Sturm und wir zusammen! Schon wieder? Was sucht ihr hier? Solln wir aufgeben und ersaufen? Steht ihr auf Untergantg?

SEBASTIAN Daß dir die Pocken in den Rachen fahren, du belfernder, gottloser, grober Hund!

BOOTSMANN Schön. Übernehmt ihr.

ANTONIO Häng dich, Hund! Häng dich, du Hurensohn, unverschämter Maulaufreißer! Wir haben weniger Angst vorm Ersaufen als du.

GONZALO Der ersäuft nicht, das garantiere ich, und wäre das Schiff nicht sträker als eine Nußschale und so undicht wie eine Gassenhure.

BOOTSMANN [*Pfiff*] Legt sie hart an den Wind, hart an den Wind! [*Pfiff*] Focksegel setzen! [*Pfiff*] Freisegeln! Freisegeln!

Matrosen, durchnäßt

Mari. All lost, to prayers, to prayers, all lost.
Botes. What must our mouths be cold?
Gonz. The King, and Prince, at prayers, let's assist them, for our case is as theirs.
Sebas. I'am out of patience.
An. We are meerly cheated of our liues by drunkards, This wide-chopt-rascall, would thou mightst lye drowning the washing of ten Tides.
Gonz. Hee'l be hang'd yet,
Though euery drop of water sweare against it,
And gape at widst to glut him.   *A confused noyse within.*
Mercy on vs.
We split, we split, Farewell my wife, and children,
Farewell brother: we split, we split, we split.

Anth. Let's all sinke with' King
Seb. Let's take leaue of him.   *Exit.*
Gonz. Now would I giue a thousand furlongs of Sea, for an Acre of barren ground: Long heath, Browne firrs, any thing; the wills aboue be done, but I would faine dye a dry death.   *Exit.*

Scena Secunda.

Enter Prospero and Miranda.

Mira. If by your Art (my deerest father) you haue
Put the wild waters in this Rore; alay them:
The skye it seemes would powre down stinking pitch,
But that the Sea, mounting to th' welkins cheeke,
Dashes the fire out. Oh! I haue suffered
With those that I saw suffer: A braue vessell

MATROSEN Alles hin! Fallt auf die Knie, betet! Alles hin!
BOOTSMANN Was denn? Kalte Schnauzen in Sicht
GONZALO Der König und der Prinz sind im Gebet: Wir solltens Ihnen gleichtun, denn ihr Los ist unsres.
SEBASTIAN Bin nicht in Stimmung.
ANTONIO Trunkenbolde prellen uns ums Leben, das ist alles! Verdammtes Großmaul du – ersaufen sollst du zehn Gezeiten lang!
GONZALO Und er hängt doch, schwört jeder Tropfen Salzmeer auch dagegen und gähnt, ihn zu verschlucken, wie ein Malstrom.

Verworrener Lärm von unter Deck

STIMMEN Gnade! Wir ersaufen! Wir scheitern! Lebt wohl, Frau und Kinder!
Wir ersaufen! Wir scheitern! Scheitern!
ANTONIO Laßt uns alle untergehen mit dem König.
SEBASTIAN Laßt uns Abschied von ihm nehmen. *Beide ab.*
GONZALO Jetzt gäbe ich tausend Quadratmeilen Ozean für einen Morgen steinigen Acker voller Heidestrünke, Stechginster, was immer. Droben der Wille geschehe, aber mir wär ein trockner Tod lieber.

2. Szene

Prospero, Miranda

MIRANDA Entfache Eure Zauberkraft den Seesturm
Bester Vater, macht, daß er sich legt!
Der Himmel, scheints, ergösse stinkend Pech
Wenn nicht die Flut, ihm an die Zinnen steigend
Das Feuer löschte. O, ich litt mit ihnen
Die ich leiden sah! Ein stolzes Schiff

(Who had no doubt some noble creature in her)
Dash'd all to peeces: O the cry did knocke
Against my very heart: poore soules, they perish'd.
Had I byn any God of power, I would
Haue suncke the Sea within the Earth, or ere
It should the good Ship so haue swallow'd, and
The fraughting Soules within her.

Pros. Be collected,
No more amazement: Tell your pitteous heart
there's no harme done.
Mira. O woe, the day.
Pros. No harme:
I haue done nothing, but in care of thee
(Of thee my deere one; thee my daughter) who
Art ignorant of what thou art, naught knowing
Of whence I am: nor that I am more better
Then *Prospero*, Master of a full poore cell,
And thy no greater Father.
Mira. More to know
Did neuer medle with my thoughts.
Pros. 'Tis time
I should informe thee farther: Lend thy hand
And plucke my Magick garment from me: So,
Lye there my Art: wipe thou thine eyes, haue comfort,
The direfull spectacle of the wracke which touch'd
The very vertue of compassion in thee:
I haue with such prouision in mine Art
So safely ordered, that there is no soule
No not so much perdition as an hayre
Betid to any creature in the vessell   [downe,
Which thou heardst cry, which thou saw'st sinke: Sit

Mit doch gewißlich guten Menschen in sich
Ging ganz in Stücke. O, ihr Schreien schlug mir
Ans Innerste der Brust. Die armen Seelen
Sie sind hin. Wär mirs gegeben, machtvoll
Wie ein Gott zu tun, ich hätt das Meer
Im Erdenschoß versenkt, bevor es dieses
Feine Schiff hinunterschlingen konnte
Samt seiner Menschenfracht.
PROSPERO   Du mußt dich fassen.
  Kein Erschrecken mehr. Sag deinem Herzen:
  Kein Leid geschah.
MIRANDA   O Unglückstag.
PROSPERO   Kein Leid!
  Nichts tat ich, es sei denn für dich, für dich
  Mein Stern, für dich, für meine Tochter, die
  Wer sie ist, nicht ahnt, nichts davon weiß
  Wer ich bin, noch, daß ich weit mehr bin als
  Nur Prospero, Herr eines armen Felslochs
  Und dein nicht größrer Vater.
MIRANDA   Mehr zu wissen
  Ward mir nicht vergönnt.
PROSPERO   's wird höchste Zeit
  Dich ins Bild zu setzen. Hilf mir nur erst
  Mich von dem Zaubermantel zu befreien.
  Da liegst du, meine Kunst. Wisch dir die Augen
  Sei getrost: das Schauspiel grausen Schiffbruchs
  Das in dir ein edles Mitleid wachrief
  Ich, mit allen Mitteln meiner Kunst
  Ich habe füglich es so eingerichtet
  Daß keiner Kreatur an Bord des Seglers –
  Du hörtest wie sie schrien, sahst ihn sinken –
  Auch nur ein Haar gekrümmt ward. Setz dich. Du

For thou must now know farther.
Mira. You haue often
   Begun to tell me what I am, but stopt
   And left me to a bootelesse Inquisition,
   Concluding, stay: not yet.

Pros. The howr's now come
   The very minute byds thee ope thine eare,
   Obey, and be attentiue. Canst thou remember
   A time before we came vnto this Cell?
   I doe not thinke thou canst, for then thou was't not
   Out three yeeres old.
Mira. Certainely Sir, I can.
Pros. By what? by any other house, or person?
   Of any thing the Image, tell me, that
   Hath kept with thy remembrance.

Mira. 'Tis farre off:
   And rather like a dreame, then an assurance
   That my remembrance warrants: Had I not
   Fowre, or fiue women once, that tended me?
Pros. Thou hadst; and more *Miranda*: But how is it
   That this liues in thy minde? What seest thou els
   In the dark-backward and Abisme of Time?
   Yf thou remembrest ought ere thou cam'st here,
   How thou cam'st here thou maist.

Mira. But that I doe not.
Pros. Twelue yere since (*Miranda*) twelue yere since,
   Thy father was the Duke of *Millaine* and
   A Prince of power:
Mira. Sir, are not you my Father?

Mußt nun alles wissen.
MIRANDA   Oft schon nahmt Ihr
Euch vor, mir zu entdecken, wer ich bin
Doch hieltet Ihr stets inne, und drang ich dann
Mit Fragen in Euch, hörte ich nur immer
'Still, noch nicht.'
PROSPERO   Nun ist die Stunde da
Just die Minute will, daß du dein Ohr leihst:
Gehorche und gib acht. Erinnerst du
Eine Zeit vor diesem Höhlenleben?
Ich glaube nicht, denn damals warst du keine
Drei Jahre alt.
MIRANDA   Gewiß, Sir, ja.
PROSPERO   Und was?
Ein andres Haus, gar andere Personen?
Gib mir von einem jeden Ding das Bild
Das dein Gedächtnis aufbewahrt.
MIRANDA   's ist vage
Und eher wie ein Traum als wie Gewißheit
Was mein Gedächtnis mir verbürgt. Umsorgten
Mich einstmals nicht vier Frauen oder fünf?
PROSPERO So war es, mehr als fünf, Miranda. Nur
Woher mag das in dir lebendig sein?
Was siehst du noch im dunklen Hinteruns
Und Schlund der Zeit? Wenn du von vor du herkamst
Etwas erinnern kannst, dann vielleicht auch
Wie du hierher kamst?
MIRANDA   Nein, das tu ich nicht.
PROSPERO Vor zwölf Jahren wars, Miranda, vor
Zwölf Jahren. Fürst von Mailand war dein Vater und
Ein großer Herr.
MIRANDA   Sir, seid nicht Ihr mein Vater?

Pros. Thy Mother was a peece of vertue, and
  She said thou wast my daughter; and thy father
  Was Duke of *Millaine*, and his onely heire,
  And Princesse; no worse Issued.

Mira. O the heauens,
  What fowle play had we, that we came from thence?
  Or blessed was't we did?
Pros. Both, both my Girle.
  By fowle-play (as thou saist) were we heau'd thence,
  But blessedly holpe hither.
Mira. O my heart bleedes
  To thinke oth' teene that I haue turn'd you to,
  Which is from my remembrance, please you, farther;
Pros. My brother and thy vncle, call'd *Anthònio*:
  I pray thee marke me, that a brother should
  Be so perfidious: he, whom next thy selfe
  Of all the world I lou'd, and to him put
  The mannage of my state, as at that time
  Through all the signories it was the first,
  And *Prospero*, the prime Duke, being so reputed
  In dignity; and for the liberall Artes,
  Without a paralell; those being all my studie,
  The Gouernment I cast vpon my brother,
  And to my State grew stranger, being transported
  And rapt in secret studies, thy false vncle
  (Do'st thou attend me?)

Mira. Sir, most heedefully.
Pros. Being once perfected how to graunt suites,

PROSPERO Deine Mutter war der Inbegriff
Der Frauentugend, und sie sprach, du seist
Meine Tochter; und dein Vater war
Der Herzog Mailands, mit nur einer Erbin
Und Prinzessin. Dir.
MIRANDA   O Himmel! War es
Böses Tun, was uns das wegnahm? Oder
War es unser Glück?
PROSPERO   Kind, beides, beides:
Böses Tun, wie du es nennst, vertrieb uns
Und hierher half uns Segen.
MIRANDA   O, mir blutet
Das Herz, denke ich an die Beschwernis
Die ich Euch war und weiß es nicht. Mein Vater?
PROSPERO Antonio, mein Bruder und dein Onkel –
Das lerne du von mir, daß selbst ein Bruder
Dir zum Verräter werden kann – er, der
Mir der liebste Mensch auf Erden war
Nach dir, ihm überließ ich die Regentschaft
Meines Herzogtums, zu jener Zeit
Das erste aller Fürstentümer, wie auch
Sein Herzog Prospero die höchste Achtung
Genoß und in den Sieben freien Künsten
Nicht seinesgleichen hatte; eben diesen
Galt all mein Eifer, des Regierens Last
Bürdete ich meinem Bruder auf.
Und fremd wurden mir die Staatsgeschäfte
Mich beschäftigten und faszinierten
Verborgne Studien. Dein falscher Onkel –
Hörst du mir zu?
MIRANDA   Ja, Sir, so gut ich kann.
PROSPERO – alsbald geübt darin, Gunst zu gewähren

how to deny them: who t'aduance, and who
To trash for ouer-topping; new created
The creatures that were mine, I say, or chang'd 'em,
Or els new form'd 'em; hauing both the key,
Of Officer, and office, set all hearts i'th state
To what tune pleas'd his eare, that now he was
The Iuy which had hid my princely Trunck,
And suckt my verdure out on't: Thou attend'st not?

Mira. O good Sir, I doe.
Pros. I pray thee marke me:
I thus neglecting worldly ends, all dedicated
To closenes, and the bettering of my mind
with that, which but by being so retir'd
Ore-priz'd all popular rate: in my false brother
Awak'd an euill nature, and my trust
Like a good parent, did beget of him
A falsehood in it's contrarie, as great
As my trust was, which had indeede no limit,
A confidence sans bound. He being thus Lorded,
Not onely with what my reuenew yeelded,
But what my power might els exact. Like one
Who hauing into truth, by telling of it,
Made such a synner of his memorie
To credite his owne lie, he did beleeue
He was indeed the Duke, out o'th' Substitution

Wie zu entziehen, den zu heben, jenen
Als allzu machtverliebt zurückzustutzen
Schuf sich Geschöpfe, welche vordem mein warn
Neu: entweder tauschte er sie aus
Oder formte sie nach seinen Zwecken
Besaß er doch sowohl den Schlüssel für
Den Amtsinhaber wie das Amt, und damit
Stimmte er in meinem Staat die Herzen
Auf den Akkord, der seinem Ohr genehm war
Bis er wie Efeu meinen herrscherlichen
Stamm zur Gänze überwuchert hatte
Und mir die Kraft aussog. Du hörst nicht zu!
MIRANDA O doch, mein lieber Vater.
PROSPERO Träum nicht, bitte.
Indem ich so, das Weltgeschäft vergessend
Bestrebt war, ganz zurückgezogen mir
Den Geist zu schulen an den hohen Dingen
Die jedes Alltagsmaß weit übersteigen
Erweckte meine Abgeschiedenheit
In meinem falschen Bruder schlimme Seiten
Und mein Vertrauen, blind wie das des Vaters
Der es zu gut meint mit dem Sohn, erzeugte
In ihm mir mein exaktes Gegenstück:
Eine Falschheit von demselben Ausmaß
Wie mein Vertrauen, welches unbegrenzt war
Eine Bruderliebe, frei von Zweifeln.
Er, nicht nur durch Einkünfte gefördert
Die statt bei mir bei ihm eingehen, sondern
Auch durch das, was meine Macht ihm zuweist
Läßt zu, daß sein Bewußtsein sich versündigt
Und das glaubt, was sein Sein ihm vorlügt: er
Sei der wahre Herzog, kein Behelf

    And executing th'outward face of Roialtie
    With all prerogatiue: hence his Ambition growing:
    Do'st thou heare?
Mira. Your tale, Sir, would cure deafenesse.
Pros. To haue no Schreene between this part he plaid,
    And him he plaid it for, he needes will be
    Absolute *Millaine*, Me (poore man) my Librarie
    Was Dukedome large enough: of temporall roalties
    He thinks me now incapable. Confederates
    (so drie he was for Sway) with King of *Naples*
    To giue him Annuall tribute, doe him homage
    Subiect his Coronet, to his Crowne and bend
    The Dukedom yet vnbow'd (alas poore *Millaine*)
    To most ignoble stooping.

Mira. Oh the heauens:
Pros. Marke his condition, and th'euent, then tell me
    If this might be a brother.

Mira. I should sinne
    To thinke but Noblie of my Grand-mother,
    Good wombes haue borne bad sonnes.
Pro. Now the Condition.
    This King of *Naples* being an Enemy
    To me inueterate, hearkens my Brothers suit,
    Which was, That he in lieu o'th' premises,
    Of homage, and I know not how much Tribute,
    Should presently extirpate me and mine
    Out of the Dukedome, and confer faire *Millaine*
    With all the Honors, on my brother: Whereon

Und drum berechtigt, aller Welt ein Herrscher-
Antlitz zuzukehren. Ehrgeiz will es – hörst du
Mir zu?
MIRANDA Eur' Wort heilt Taubheit, Sir.
PROSPERO – daß kein Pergament mehr zwischen ihn
Den Mimen, paßt und seine Rolle, mich:
Er selbst muß Mailand sein. Mir armem Mann
Mir waren meine Bücher Staat genug.
Zu profaner Politik, meint er, sei ich
Nun nicht mehr fähig. Machtversessen sucht er
Ein Bündnis mit dem König von Neapel
Bietet jährlichen Tribut an und
Den Lehnseid, unterstellt sein Diadem
Der Krone, und – ach, armes Mailand! -
Zwingt mein freies Herzogtum zu einem
Würdelosen Kniefall.
MIRANDA   O ihr Himmel!
PROSPERO Vernimm erst noch die nähere Bedingnis
Und was sie nach sich zog, dann sag mir, ob
Das ein Bruder ist.
MIRANDA   Ich sündigte
Dächte ich von meiner Ahnin unschön:
Oft folgt auf grad geboren schief gelebt.
PROSPERO Die Bedingnis. Dieser König von
Neapel, mir seit langem feindlich
Willigt in die Forderung Antonios
Die da lautet, er, als Gegenleistung
Für angebotene Gefolgschaft und
Ich weiß nicht welche Zahlung, müsse sich
Per Eid verpflichten, mich samt meinem Anhang
Aus Mailand auszujäten unverzüglich
Und das Herzogtum in aller Form

    A treacherous Armie leuied, one mid-night
    Fated to th' purpose, did *Anthonio* open
    The gates of *Millaine*, and ith' dead of darkenesse
    The ministers for th' purpose hurried thence
    Me, and thy crying selfe.

Mir. Alack, for pitty:
    I not remembring how I cride out then
    Will cry it ore againe: it is a hint
    That wrings mine eyes too't.
Pro. Heare a little further,
    And then I'le bring thee to the present businesse
    Which now's vpon's: without the which, this Story
    Were most impertinent.
Mir. Wherefore did they not
    That howre destroy vs?
Pro. Well demanded, wench:
    My Tale prouokes that question: Deare, they durst not,
    So deare the loue my people bore me: nor set
    A marke so bloudy on the businesse; but
    With colours fairer, painted their foule ends.
    In few, they hurried vs a-boord a Barke,
    Bore vs some Leagues to Sea, where they prepared
    A rotten carkasse of a Butt, not rigg'd,
    Nor tackle, sayle, nor mast, the very rats
    Instinctiuely haue quit it: There they hoyst vs
    To cry to th' Sea, that roard to vs; to sigh
    To th' windes, whose pitty sighing backe againe
    Did vs but louing wrong.

Auf ihn zu übertragen, meinen Bruder.
Und so geschahs – in aller Eile waren
Truppen angeworben worden – daß
Antonio ein paar Mitternächte später
Die Tore Mailands heimlich öffnen ließ
Und die zu dem Behuf gekauften Schergen
Uns in tiefster Dunkelheit verschleppten:
Mich und dich, dich heulend.
MIRANDA   Ach, kein Mitleid!
Ich, die sich nicht erinnert, wie sie heulte
Ich heule gleich noch einmal: nur das Bild
Treibt mir die Tränen in die Augen.
PROSPERO   Hör noch
Und dann sollst du erfahren, was uns nun
Erwartet: die Geschichte käme
Sonst um ihr Ende.
MIRANDA   Warum wurden wir
Damals nicht getötet?
PROSPERO   Gut bemerkt, Kind:
Die Erzählung legt die Frage nahe.
Mein Schatz, sie wagtens nicht, mich liebte
Das Volk zu sehr, als daß sie ihre Tat
So blutig siegeln durften; sie bemalten
Ihr faules Tun mit minder grellen Farben.
Kurz, sie schleppten uns auf eine Bark
Dann gings für ein paar Meilen raus auf See
Wo ein morsches Schifflein unsrer harrte
Fast schon ein Wrack, ganz ohne Takelwerk,
Kein Mast, kein Segel, selbst die Ratten waren
Schon geflohn. Darein nun luden sie
Uns: Brüllt das Meer an, riefen sie, es brüllt
Zurück, seufzt nur dem Wind was vor, sein Mitleid

Mir. Alack, what trouble
   Was I then to you?
Pro. O, a Cherubin
   Thou was't that did preserue me; Thou didst smile,
   Infused with a fortitude from heauen,
   When I haue deck'd the sea with drops full salt,
   Vnder my burthen groan'd, which rais'd in me
   An vndergoing stomacke, to beare vp
   Against what should ensue.
Mir. How came we a shore?

Pro. By prouidence diuine,
   Some food, we had, and some fresh water, that
   A noble *Neopolitan Gonzalo*
   Out of his Charity, (who being then appointed
   Master of this designe) did giue vs, with
   Rich garments, linnens, stuffs, and necessaries
   Which since haue steeded much, so of his gentlenesse
   Knowing I lou'd my bookes, he furnishd me
   From mine owne Library, with volumes, that
   I prize aboue my Dukedome.

Mir. Would I might
   But euer see that man.
Pro. Now I arise,
   Sit still, and heare the last of our sea-sorrow:
   Heere in this Iland we arriu'd, and heere
   Haue I, thy Schoolemaster, made thee more profit
   Then other Princesse can, that haue more time
   For vainer howres; and Tutors, not so carefull.

Seufzt er euch voller Liebe um die Ohren.
MIRANDA Ach, welche Last war ich für Euch!

PROSPERO   O, du warst
   Der Engel, der mich rettete. Dein Lächeln
   Von Himmelsmut genährt, half mir, der ich
   Unter meinem Elendsschicksal ächzend
   Das Meer mit meinen Tränen übersalzte
   Mich hochzuraffen und dem zu begegnen
   Was da kommen sollte.
MIRANDA   Wie gelangten
   Wir an Land?
PROSPERO   Durch Gottes Fügung. Wir
   Besaßen etwas Proviant und Wasser –
   Das hatte uns Gonzalo zugesteckt
   Ein nobler Ratsherr, dem Neapels König
   Über die Aktion die Aufsicht gab
   Und der in seiner Güte uns mit Kleidung
   Linnen, allerlei Gerät und Dingen
   Versorgte, die uns seither nützlich waren.
   Wohl wissend, wie ich meine Bücher liebte
   Ging sein Edelmut soweit, mir Bände
   Aus meinem reichen Buchschatz mitzugeben
   Die weit mehr als mein Herzogtum mir galten.
MIRANDA Nur zu gern sehen würd ich diesen Mann!

PROSPERO Wenn ich erst steige. Sitz still und vernimm
   Das Ende unsrer Meeresmühsal: hier
   Auf dieser Insel landeten wir an
   Und hier, in meiner Schule, hast, Prinzessin
   Du weit mehr profitiert als deinesgleichen
   Bei eitlem Zeitvertreib und laxen Lehrern.

Mir. Heuens thank you for't. And now I pray you Sir,
   For still 'tis beating in my minde; your reason
   For raysing this Sea-storme?
Pro. Know thus far forth,
   By accident most strange, bountifull *Fortune*
   (Now my deere Lady) hath mine enemies
   Brought to this shore: And by my prescience
   I finde my *Zenith* doth depend vpon
   A most auspitious starre, whose influence
   If now I court not, but omit; my fortunes
   Will euer after droope: Heare cease more questions,
   Thou art inclinde to sleepe: 'tis a good dulnesse,
   And giue it way: I know thou canst not chuse:
   Come away, Seruant, come; I am ready now,
   Approach my *Ariel*. Come.   *Enter Ariel.*

Ari. All haile, great Master, graue Sir, haile: I come
   To answer thy best pleasure; be't to fly,
   To swim, to diue into the fire: to ride
   On the curld clowds: to thy strong bidding, taske
   Ariel, and all his Qualitie.
Pro. Hast thou, Spirit,
   Performd to point, the Tempest that I bad thee.
Ar. To euery Article.
   I boorded the Kings ship: now on the Beake,
   Now in the Waste, the Decke, in euery Cabyn,
   I flam'd amazement, sometime I'ld diuide
   And burne in many places; on the Top-mast,
   The Yards and Bore-spritt, would I flame distinctly,
   Then meete, and ioyne. *Ioues* Lightning, the precursers

MIRANDA Die Himmel danken Euch dafür. Und nun
Sir, denn mir wills nicht aus dem Kopf:
Warum der Seesturm?
PROSPERO   Das noch sollst du wissen:
Fortuna, will sich mir, so scheints, noch einmal
Freigiebig zeigen: unverhofft führt sie
An diese Küste mir all meine Feinde
Und mein Vorberechnen zeigt, mein Stern
Steht glückverheißend im Zenith:
Wenn ich mich seinem Einfluß nicht ergebe
Vielmehr ihn mißachte, sinkt er, um
Nie wieder aufzusteigen. Frag nun nichts mehr.
Du fühlst jetzt Müdigkeit: der Schlaf tut gut
Laß ihn nur zu. Dir bleibt auch keine Wahl.
Her mit dir, mein Knecht, nun komm; 's ist Zeit
Zeig dich, mein Ariel.

Ariel

ARIEL Heil Euch, mein Meister; strenger Herr, Euch Heil!
Nach Wunsch Euch zu willfahren komme ich:
Ich schwebe, schwimme, schwinge mich durch Feuer
Reite krause Wolken. Ihr befehlt
Und Ariel zeigt, was in ihm steckt.
PROSPERO   Hast, Geistlein
Du den Sturm, wie ich dich bat, vollführt?
ARIEL In jedem Punkt. Ich enterte die Brigg
Des Königs: ob am Bug, ob Mittschiffs, ob
Am Heck, in jeglicher Kabine, ich
Verbreite flammensprühend Schrecken. Auch
Zerteile ich mich immer wieder, lohe
Zugleich an vielen Stellen, aus den Masten
Aus den Rahen, aus dem Bugspriet schieß ich
Erst da und dort und gleich darauf verschmolzen

    O'th dreadfull Thunder-claps more momentarie
    And sight out-running were not; the fire, and cracks
    Of sulphurous roaring, the most mighty *Neptune*
    Seeme to besiege, and make his bold waues tremble,
    Yea, his dread Trident shake.

Pro. My braue Spirit,
    Who was so firme, so constant, that this coyle
    Would not infect his reason?
Ar. Not a soule
    But felt a Feauer of the madde, and plaid
    Some tricks of desperation; all but Mariners
    Plung'd in the foaming bryne, and quit the vessell;
    Then all a fire with me the Kings sonne *Ferdinand*
    With haire vp-staring (then like reeds, not haire)
    Was the first man that leapt; cride hell is empty,
    And all the Diuels are heere.

Pro. Why that's my spirit:
    But was not this nye shore?
Ar. Close by, my Master.
Pro. But are they (*Ariell*) safe?
Ar. Not a haire perishd:
    On their sustaining garments not a blemish,
    But fresher then before: and as thou badst me,
    In troops I haue dispersd them 'bout the Isle:
    The Kings sonne haue I landed by himselfe,
    Whom I left cooling of the Ayre with sighes,
    In an odde Angle of the Isle, and sitting
    His armes in this sad knot.

Pro. Of the Kings ship,

>   Jupiters Blitz, der Herold grimmen Donners
>   Durchzischt das Blickfeld nicht geschwinder.
>   Die Feuer und das schweflichte Gekrache
>   Bedrängten selbst den mächtigen Neptun
>   Ließen seine feuchte Festung wanken
>   Und seinen Dreizack zittern.
> PROSPERO   Braver Geist!
>   War da noch wer so rüstig , daß der Spuk
>   Ihm nicht die Sinne raubte?
> ARIEL   Nur das Schiffsvolk
>   Keine Seele sonst. Wie die Verrückten
>   Zeichen der Verzweiflung von sich gebend
>   Zogen sie den Sprung ins wilde Schaummeer
>   Dem Feuerwerk auf ihrem Segler vor.
>   Ferdinand, der Sohn des Königs, schrie
>   Das Haar wie Schilf gesträubt: 'Leer ist die Hölle
>   Und alle Teufel hier!' und warf als erster
>   Sich über Bord.
> PROSPERO   Das ist mein Ariel.
>   Die Küste war doch nah?
> ARIEL   Ganz dicht, mein Meister.
> PROSPERO Ariel, sie sind wohlauf?
> ARIEL   Kein Härchen
>   Krumm, die Wämser und die Stiefel knochen-
>   Trocken und wie neu. Auch habe ich
>   Wie Ihr befahlt, sie auf der Insel
>   In zwei Trupps zerstreut. Nur Ferdinand
>   Habe ich an nah gelegnem Strand
>   Solo angelandet, und da hockt er
>   Die Arme so verschränkt zum Trauerknoten
>   Und kühlt die Luft mit Seufzern.
> PROSPERO   Was du mit

  The Marriners, say how thou hast disposd,
  And all the rest o'th' Fleete?
Ar. Safely in harbour
  Is the Kings shippe, in the deepe Nooke, where once
  Thou calldst me vp at midnight to fetch dewe
  From the still-vext *Bermoothes*, there she's hid;
  The Marriners all vnder hatches stowed,
  Who, with a Charme ioynd to their suffred labour
  I haue left asleep: and for the rest o'th' Fleet
  (Which I dispers'd) they all haue met againe,
  And are vpon the *Mediterranian* Flote
  Bound sadly home for *Naples*,
  Supposing that they saw the Kings ship wrackt,
  And his great person perish.

Pro. *Ariel*, thy charge
  Exactly is perform'd; but there's more worke:
  What is the time o'th'day?
Ar. Past the mid season.
Pro. At least two Glasses: the time 'twixt six & now
  Must by vs both be spent most preciously.
Ar. Is there more toyle? Since y^u dost giue me pains,
  Let me remember thee what thou hast promis'd,
  Which is not yet perform'd me.
Pro. How now? moodie?
  What is't thou canst demand?
Ar. My Libertie.
Pro. Before the time be out? no more:
Ar. I prethee,
  Remember I haue done thee worthy seruice,
  Told thee no lyes, made thee no mistakings, serv'd

Schiff und Mannschaft angestellt hast, sag noch
Und mit dem Rest der Flotte.
ARIEL   Also erstens:
Die Brigg des Königs ankert gut geschützt
In jener tief verborgnen Bucht, zu der Ihr
Mich einst um Mitternacht den frühen Tau
Der tückischen Bermudas holen ließet:
Da liegt sie, und die Mannschaft ist vollzählig
Unter Deck verstaut, wo den Erschöpften
Zudem 'ne Prise Zauberschlaf gegönnt ward.
Und drittens, was den Rest der Flotte angeht
Die ich zerstreute, der hat sich gesammelt
Und segelt übers liebe Mittelmeer
Nach Neapel heim in Trauer, überzeugt
Es sei das Schiff des Königs abgesoffen
Und Seine Hoheit hin.
PROSPERO   Mein Ariel
Dein Auftrag ist erfüllt. Doch gibt es mehr
Zu tun. Wie spät mags sein?
ARIEL   Nach Mittag.
PROSPERO Zwei Glas zum wenigsten. Die Zeit von sechs
Bis jetzt will von uns beiden gut genutzt sein.
ARIEL Noch mehr Geplacke? Nimmst du mich so 'ran
Darf ich an dein Versprechen dich erinnern
Das du nicht hältst.
PROSPERO   Sieh einer an! Man murrt?
Was kannst du groß fordern?
ARIEL   Meine Freiheit.
PROSPERO Bevor die Frist herum ist? Niemals.
ARIEL   Bittschön
Erinnre dich, ich tat dir gute Dienste
Belog dich keinmal, machte keine Fehler

  Without or grudge, or grumblings; thou did promise
  To bate me a full yeere.
Pro. Do'st thou forget
  From what a torment I did free thee?   *Ar.* No.

Pro. Thou do'st: & thinkst it much to tread ye Ooze
  Of the salt deepe;
  To run vpon the sharpe winde of the North,
  To doe me businesse in the veines o'th' earth
  When it is bak'd with frost.

Ar. I doe not Sir.
Pro. Thou liest, malignant Thing: hast thou forgot
  The fowle Witch *Sycorax*, who with Age and Enuy
  Was growne into a hoope? hast thou forgot her?

Ar. No Sir.
Pro. Thou hast: where was she born? speak: tell me:
Ar. Sir, in *Argier*.
Pro. Oh, was she so: I must
  Once in a moneth recount what thou hast bin,
  Which thou forgetst. This damn'd Witch *Sycorax*
  For mischiefes manifold, and sorceries terrible
  To enter humane hearing, from *Argier*
  Thou know'st was banish'd: for one thing she did
  They wold not take her life: Is not this true?

Ar. I, Sir.
Pro. This blew ey'd hag, was hither brought with child,
  And here was left by th' Saylors; thou my slaue,
  As thou reportst thy selfe, was then her seruant,

    Diente ohne Grummeln oder Grollen
    Du versprachst, mir ein Jahr zu erlassen.
PROSPERO Hast du die Qual, aus der ich dich befreite
    Schon vergessen?
ARIEL   Nein.
PROSPERO   Wohl hast du das
    Und tust, als sei es viel, im Schlamm der Tiefsee
    Unterwegs zu sein, den scharfen Nordwind
    Abzureiten, mir im Aderwerk
    Der Erde auch mal dann zur Hand zu gehn
    Wenn Frost sie hart bäckt.
ARIEL   Tu ich keineswegs, Sir.
PROSPERO Du lügst, verschlagnes Ding! Die üble Hexe
    Die Sycorax, du hast sie längst vergessen
    Krumm wie sie war vor Alter und vor Bosheit
    Wie ein Faßreif! Hast du das?
ARIEL   Nein, Sir.
PROSPERO Das hast du! Woher stammte sie? Komm, sags mir.
ARIEL Sir, aus Algier.
PROSPERO   O, aus Algier! Würde
    Ich dir, was du warst, nicht monatlich
    Vor Augen führen, wüßtest du von nichts mehr.
    Verbannt aus Algier wurde Sycorax
    Die verfluchte Hexe, wie du weißt
    Ihrer ungezählten Missetaten
    Und ihrer schwarzen Künste wegen
    Die für ein Menschenohr zu scheußlich sind.
    Ein Umstand rettete ihr Leben, stimmts?
ARIEL   Stimmt, Sir.
PROSPERO Hochschwanger ward, mit blau geschwollnen
    Das Weib von einem Schiff hier ausgesetzt.   [Lidern
    Du selbst, der heut mein Knecht ist, du erzähltest

And for thou wast a Spirit too delicate
To act her earthy, and abhord commands,
Refusing her grand hests, she did confine thee
By helpe of her more potent Ministers,
And in her most vnmittigable rage,
Into a clouen Pyne, within which rift
Imprison'd, thou didst painefully remaine
A dozen yeeres: within which space she di'd,
And left thee there: where thou didst vent thy groanes
As fast as Mill-wheeles strike: Then was this Island
(Saue for the Son, that he did littour heere,
A frekelld whelpe, hag-borne) not honour'd with
A humane shape.

Ar. Yes: *Caliban* her sonne.

Pro. Dull thing, I say so: he, that *Caliban*
Whom now I keepe in seruice, thou best know'st
What torment I did finde thee in; thy grones
Did make wolues howle, and penetrate the breasts
Of euer-angry Beares; it was a torment
To lay vpon the damn'd, which *Sycorax*
Could not againe vndoe: it was mine Art,
When I arriu'd, and heard thee, that made gape
The Pyne, and let thee out.

Ar. I thanke thee Master.
Pro. If thou more murmur'st, I will rend an Oake
And peg-thee in his knotty entrailes, till
Thou hast howl'd away twelue winters.

Wie du ihr damals dientest, und daß sie
Weil du, ein Luftgeist, zu empfindsam warst
Um ihre tierhaft-rohen Wünsche zu erfüllen
Und die Gefolgschaft ihr verweigertest
Mit Hilfe ihrer gröberen Gesellen
In ihrer unbeherrschten Wut den Stamm
Einer Kiefer auseinander trieb
Und in den Spalt dich klemmte, worin du
Zwölf Jahre martervoll gefangen bliebst.
In der Zeit starb sie, indes dein Gestöhn
Stoßweise kam, so wie ein Mühlrad knarzt.
Die Insel hatte da – bis auf den Hexenbalg
Den scheckigen, den sie hier warf – noch nichts
Beehrt, das menschenförmig war.
ARIEL   Nur ihr
    Sohn Caliban.
PROSPERO   Dummkopf, den meine ich –
    Ihn, Caliban, der nun in meinem Dienst steht.
    In welchen Folterqualen ich dich fand
    Das weißt du nur zu gut: dein Ächzen machte
    Wölfe heulen, rührte selbst das grimme
    Herz der Bären, 's waren Qualen, wie sie
    Den Verdammten aufgeladen werden.
    Selbst Sycorax nicht konnte dich erlösen.
    Erst meine Kunst, kaum daß ich, hier gestrandet
    Dich stöhnen hörte, schloß die Kiefer auf
    Und ließ dich frei.
ARIEL   Ich danke dir, mein Meister.
PROSPERO Doch murrst du weiter, spalte ich 'nen Eichbaum,
    Und in sein knorriges Gedärm wirst du
    Von mir gepflockt, bis du zwölf lange Winter
    Durchgejault hast.

Ar. Pardon, Master,
   I will be correspondent to command
   And doe my spryting, gently.
Pro. Doe so: and after two daies
   I will discharge thee.
Ar. That's my noble Master:
   What shall I doe? say what? what shall I doe?
Pro. Goe make thy selfe like a Nymph o'th' Sea,
   Be subiect to no sight but thine, and mine: inuisible
   To euery eye-ball else: goe take this shape
   And hither come in't: goe: hence
   With diligence.   *Exit.*
Pro. Awake, deere hart awake, thou hast slept well,
   Awake.
Mir. The strangenes of your story, put
   Heauinesse in me.
Pro. Shake it off: Come on,
   Wee'll visit *Caliban*, my slaue, who neuer
   Yeelds vs kinde answere.
Mir. 'Tis a villaine Sir, I doe not loue to looke on.

Pro. But as 'tis
   We cannot misse him: he do's make our fire,
   Fetch in our wood, and serues in Offices
   That profit vs: What hoa: slaue: *Caliban*:
   Thou Earth, thou: speake.
Cal. within. There's wood enough within.
Pro. Come forth I say, there's other busines for thee:
   Come thou Tortoys, when?   *Enter Ariel like a water-*
   Fine apparision: my queint *Ariel*,   *Nymph.*
   Hearke in thine eare.

ARIEL Meister, Gnade. Künftig
  Bin ich Empfänger jeglicher Befehlung
  Und geistere begeistert.
PROSPERO Tu das
  Und in zwei Tagen lasse ich dich frei.
ARIEL Das sprach mein edler Meister! Sagt mirs an
  Was soll ich tun? Sagt, was? Was soll ich tun?
PROSPERO Zu einer Meeresnymphe wandle dich
  Sichtbar sei nur dir und mir, unsichtbar
  Andern Augen. Geh, nimm so Gestalt an
  Und kehr zurück. Geh schon! Und gib dir Mühe.
  Ariel ab.
  Erwache, Herz, erwache. Du schliefst tief
  Erwache nun.
MIRANDA Von so viel Fremdem spracht Ihr
  Daß Müdheit mich befiel .
PROSPERO Nun wirf sie ab.
  Geh mit, den Knecht besuchen, Caliban
  Der uns stets reich beschimpft.
MIRANDA Er ist ein Untier
  Sein Anblick schaudert mich.
PROSPERO Doch so, wies steht
  Ist er uns unentbehrlich: er macht Feuer
  Er sammelt Holz und leistet manchen Dienst
  Der über unsre Kraft geht. Heda, Knecht!
  He, Caliban, du Erdkloß, du, gib Laut.
CALIBAN Holz ist genug da.
PROSPERO Komm hervor, sag ich.
  's gibt andre Arbeit. Komm, du Lurch! Wirds bald?
  Ariel als Meernymphe
  Hübsch, die Erscheinung. Ariel, mein Kluger
  Leih mir dein Ohr.

Ar. My Lord, it shall be done. *Exit.*
Pro. Thou poysonous slaue, got by y̓ diuell himselfe
   Vpon thy wicked Dam; come forth. *Enter Caliban.*

Cal. As wicked dewe, as ere my mother brush'd
   With Rauens feather from vnwholesome Fen
   Drop on you both: A Southwest blow on yee,
   And blister you all ore.
Pro. For this be sure, to night thou shalt haue cramps,
   Side-stitches, that shall pen thy breath vp, Vrchins
   Shall for that vast of night, that they may worke
   All exercise on thee: thou shalt be pinch'd
   As thicke as hony-combe, each pinch more stinging
   Then Bees that made 'em.
Cal. I must eat my dinner:
   This Island's mine by *Sycorax* my mother,
   Which thou tak'st from me: when thou cam'st first
   Thou stroakst me, & made much of me: wouldst giue me
   Water with berries in't: and teach me how
   To name the bigger Light, and how the lesse
   That burne by day, and night: and then I lou'd thee
   And shew'd thee all the qualities o'th' Isle,
   The fresh Springs, Brine-pits; barren place and fertill,
   Curs'd be I that did so: All the Charmes
   Of *Sycorax*: Toades, Beetles, Batts light on you:
   For I am all the Subiects that you haue,
   Which first was min owne King: and here you sty-me
   In this hard Rocke, whiles you doe keepe from me
   The rest o'th' Island.

ARIEL　　　　　　　　Mylord, so soll es sein. *Ab.*
PROSPERO Du Giftmolch, den der Teufel selber zeugte
  Auf deiner bösen Mutter, zeig dich.
          Caliban
CALIBAN Der schlimmste Tau, den Mutters Rabenfeder
  Je von ungesundem Sumpfgras strich
  Tropfe auf euch zwei! Der Südwind blase
  Und übersäe euch mit Eiterpusteln!
PROSPERO Dafür, glaub mir, hast zur Nacht du Krämpfe
  Brustenge raubt den Atem dir, es soll
  In tiefstem Dunkel stechendes Getier
  Auf dir sich tummeln, dich zerlöchern, dicht
  Gleich einer Honigwabe, jeder Stich
  Schmerzhafter als von Bienen, die sie machen.
CALIBAN Erst will ich mein Dinner. Meine Mutter
  Sycorax gab diese Insel mir
  Du nahmst sie mir weg. Als du zuerst
  Hier ankamst, hast du mich gestreichelt
  Und hast dir was aus mir gemacht, du gabst mir
  Gebräu aus Kernen, und du lehrtest mich
  Wie das große Licht heißt und das kleine
  Die Tag und Nacht erhellen. Und ich liebte
  Dich und zeigte dir, was diese Insel
  Zu bieten hat: die Quellen, Salzvorkommen
  Und wo die Saat dir aufgeht und wo nicht.
  Fluch mir, der ichs tat! Der Zauberschwarm
  Der Sycorax, die Kröten, Käfer, Fleder-
  Mäuse komme über euch, denn ich bin
  All Eure Untertanen, ich, der vordem
  Sein eigner König war. Und hier schließt ihr
  In harten Fels mich und versperrt vor mir
  Den Rest der Insel.

Pro. Thou most lying slaue,
>   Whom stripes may moue, not kindnes: I haue vs'd thee
>   (Filth as thou art) with humane care, and lodg'd thee
>   In mine owne Cell, till thou didst seeke to violate
>   The honor of my childe.

Cal. Oh ho, oh ho, would't had bene done:
>   Thou didst preuent me, I had peopel'd else
>   This Isle with *Calibans*.

Mira. Abhorred Slaue,
>   Which any print of goodnesse wilt not take,
>   Being capable of all ill: I pittied thee,
>   Took pains to make thee speak, taught thee each houre
>   One thing or other: when thou didst not (Sauage)
>   Know thine owne meaning; but wouldst gabble, like
>   A thing most brutish, I endow'd thy purposes
>   With words that made them knowne: But thy vild race
>   (Tho thou didst learn) had that in't, which good natures
>   Could not abide to be with; therefore wast thou
>   Deseruedly confin'd into this Rocke, who hadst
>   Deseru'd more then a prison.

Cal. You taught me Language, and my profit on't
>   Is, I know how to curse: the red-plague rid you
>   For learning me your language.

Pros. Hag-seed, hence:
>   Fetch vs in Fewell, and be quicke thou'rt best
>   To answer other businesse: shrug'st thou (Malice)
>   If thou neglectst, or dost vnwillingly
>   What I command, Ile racke thee with old Crampes,
>   Fill all thy bones with Aches, make thee rore,

PROSPERO   Heuchlerischer Sklave
  Den Prügel nur, nicht Freundlichkeiten bessern
  Ich ging menschlich mit dir um, ich nahm dich
  Dreckhaufen du, in unser Felshaus auf
  Und dir kommt in den Sinn, mein Kind zu schänden.
CALIBAN Oho, oho! Ich wollt, es wär geglückt:
  Du hieltst mich ab, ansonsten hätte ich
  Das Inselchen mit Calibans bevölkert.
Miranda Du wahre Scheußlichkeit von einem Sklaven
  Der alles Gute abweist, allem Bösen
  Dagegen zuneigt, Mitleid fühlte ich
  Für dich, ich mühte mich, dir Sprechen bei-
  Zubringen, keine Stunde rann durchs Glas
  In der ich dies nicht oder das dich lehrte
  Als du, ein Wilder, nicht zu sagen wußtest
  Was dich bewegt, nur Tierlaut aus dir kam
  Da machte ich mit Worten dich vertraut
  Die es bezeichnen konnten. Zwar, du lerntest
  Doch hat dein niedres Wesen etwas an sich
  Das dem, der edel denkt, zuwider ist:
  Drum wardst du in dies Felsverließ gesperrt
  Verdient hast du dir Ärgeres.
CALIBAN   Ihr lehrtet
  Mich Sprache und mein Fortschritt ist, ich weiß jetzt
  Wie Fluchen geht. Hol die Pest, die rote
  Dich und deine Schule.
PROSPERO   Hexenbrut
  Schaff Holz 'ran und am besten schnell, es wartet
  Auf dich noch andre Arbeit. Zuckst die Schultern
  Unhold? Führst du, was ich dir befehle
  Nicht oder auch nur widerwillig aus
  Foltre ich dich mit Altersgicht, ich fülle

        That beasts shall tremble at thy dyn.

Cal. No, 'pray thee.
  I must obey, his Art is of such pow'r,
  It would controll my Dams god *Setebos*,
  And make a vassaile of him.
Pro. So slaue, hence.   *Exit Cal.*
    Enter Ferdinand & Ariel, inuisible playing & singing.
Ariel Song. *Come vnto these yellow sands,*
              and then take hands:
              Curtsied when you haue, and kist
              the wilde waues whist:
    Foote it featly heere, and there, and sweete Sprights beare
              the burthen.   Burthen dispersedly.

  Harke, harke, bowgh wawgh: the watch-Dogges barke,
              bowgh-wawgh.
Ar. Hark, hark, I heare, the straine of strutting Chanticlere
              cry cockadidle-dowe.

Fer. Where shold this Musick be? I'th aire, or th'earth?
  It sounds no more: and sure it waytes vpon
  Some God 'oth' Iland, sitting on a banke,
  Weeping againe the King my Fathers wracke.
  This Musicke crept by me vpon the waters,
  Allaying both their fury, and my passion
  With it's sweet ayre: thence I haue follow'd it
  (Or it hath drawne me rather) but 'tis gone.
  No, it begins againe.

Ariell Song. *Full fadom fiue thy Father lies,*
              Of his bones are Corrall made:

    Dir dein Gebein mit Schmerzen, mach dich brüllen
    Daß vom Krakeel selbst Bestien zittern.
CALIBAN   Nicht doch.
    Gehorchen muß ich; seine Macht ist so groß
    Daß er selbst den Setebos ins Joch zwang
    Mutters Obergott.
PROSPERO   So, Hundskerl, ab jetzt.
                Ferdinand, Ariel, Geister
ARIEL *Kommt zu den gelben Stränden*
        Faßt euch an den Händen
    Tanzt und folgt den Etiketten
        Das wird wilde Wogen glätten
    Hier und dort setzt fein die Füße
    Und der Geisterchor, der süße
        Singt den Refrain.
CHOR DER GEISTER   *Hört, hört! Ra-Wau*
        Die Hofhunde bellen Ra-Wau!
ARIEL *Still doch, still! Was höre ich?*
    Ein stolzer Gockelhahn meldet sich
        Mit frühem Kikerikradau.
FERDINAND Von wo kommt die Musik? Vom Himmel? Aus
    Der Erde? Es ist still. Gewiß erklang sie
    Zum Lobe irgendeiner Inselgottheit.
    Im Sand saß ich, beweinte meines Vaters
    Nassen Tod, da kroch vom Meer her
    Die Musik zu mir, und wundersam
    Besänftigte ihr Wohlklang Wellenwut
    Und meine Trauer. Da ging ich ihr nach
    Vielmehr sie zog mich mit sich, doch weg ist sie.
    Nein, sie beginnt von Neuem.
ARIEL *Fünf Faden tief ruht der Vater dir*
    Sein Gebein wird zu Korallen

> *Those are pearles that were his eies,*
> *Nothing of him that doth fade,*
> *But doth suffer a Sea-change*
> *Into something rich, & strange:*
> *Sea-Nimphs hourly ring his knell.*
>
> Burthen: ding dong.
>
> *Harke now I heare them, ding-dong bell.*

Fer. The Ditty do's remember my drown'd father,
  This is no mortall busines, nor no sound
  That the earth owes: I heare it now aboue me.
Pro. The fringed Curtaines of thine eye aduance,
  And say what thou see'st yond.
Mira. What is't a Spirit?
  Lord, how it lookes about: Beleeue me sir,
  It carries a braue forme. But 'tis a spirit.
Pro. No wench, it eats, and sleeps, & hath such senses
  As we haue: such. This Gallant which thou seest
  Was in the wracke: and but hee's something stain'd
  With greefe (that's beauties canker) y^u might'st call him
  A goodly person: he hath lost his fellowes,
  And strayes about to finde 'em.

Mir. I might call him
  A thing diuine, for nothing naturall
  I euer saw so Noble.
Pro. It goes on I see
  As my soule prompts it: Spirit, fine spirit, Ile free thee
  Within two dayes for this.

Fer. Most sure the Goddesse

Perlen sind ihm Augen hier
Nichts an ihm wird je zerfallen
Das Meer mit Wandelmacht erschafft
Ihn dir neu und märchenhaft
Meernymphen schlagen das Schiffsgeläut.
CHOR DER GEISTER *Bim.*
ARIEL   *Horch! Hörst du es auch?*
CHOR DER GEISTER   *Bim.*
ARIEL *Sie läuten ihm die versunkene Zeit.*
FERDINAND Die Weise singt mir vom ertrunknen Vater
Menschenwerk kann das nicht sein, auch nichts
Das erdhaft ist. Jetzt hör ich es von oben.
PROSPERO Den befransten Vorhang vor den Augen
Zieh ihn auf. Was siehst du?
MIRANDA   Was denn? Ists ein
Geist? Gott, wies umherschaut. Glaubt mir, Sir
's ist wohlgestaltet. Doch es ist ein Geist.
PROSPERO Nein, Kind, es ißt und schläft und alle Sinne
Die wir besitzen, hat es auch. Der junge Herr da
Hat teil am Schiffbruch, und bis auf den Umstand
Daß im Innern ihm ein Kummer nagt
Der, wäre er von Dauer, ihn zerstörte
Nennst du zu recht ihn stattlich. Er vermißt
Die Seinigen und sucht sie.
MIRANDA   Nennen will ich
Ihn ein göttlich Ding, denn so nichts Nobles
Sah ich, das real war.
PROSPERO   Und ich sehe
Es geht voran, wie es mein Herz souffliert.
Dafür, Geist, du Blitzgeist, lasse ich
Dich in zwei Tagen frei.
FERDINAND   Mit Sicherheit

On whom these ayres attend: Vouchsafe my pray'r
May know if you remaine vpon this Island,
And that you will some good instruction giue
How I may beare me heere: my prime request
(Which I do last pronounce) is (O you wonder)
If you be Mayd, or no?

Mir. No wonder Sir,
But certainly a Mayd.
Fer. My Language? Heauens:
I am the best of them that speake this speech,
Were I but where 'tis spoken.
Pro. How? the best?
What wer't thou if the King of *Naples* heard thee?
Fer. A single thing, as I am now, that wonders
To heare thee speake of *Naples:* he do's heare me,
And that he do's, I weepe: my selfe am *Naples*,
Who, with mine eyes (neuer since at ebbe) beheld
The King my Father wrack't.

Mir. Alacke, for mercy.
Fer. Yes faith, & all his Lords, the Duke of *Millaine*
And his braue sonne, being twaine.
Pro. The Duke of *Millaine*
And his more brauer daughter, could controll thee
If now 'twere fit to do't: At the first sight
They haue chang'd eyes: Delicate *Ariel*,
Ile set thee free for this. A word good Sir,
I feare you haue done your selfe some wrong: A word.
Mir. Why speakes my father so vngently? This
Is the third man that ere I saw: the first
That ere I sigh'd for: pitty moue my father

Ist das die Göttin, der die Lieder gelten.
Seid Ihr die Herrin dieser Insel, so
Erhört mein Bitten und gebt mir Bescheid
Was hier der Brauch ist. Doch zuerst sagt mir
Was ich zuletzt zu fragen wage: seid Ihr
O Wunderbare, eine Menschentochter
Oder nicht?
MIRANDA   Nicht wunderbar, Sir, aber
Eine Menschentochter.
FERDINAND   Meine Sprache?
Himmel! Wäre ich, wo man sie spricht
Ich spräche sie als Herrscher.
PROSPERO   Wie? Als Herrscher?
Was wärst du, hörte dich Neapels König?
FERDINAND Ein Vaterloser, wie ich es schon bin
Verwundert, daß du von Neapel sprichst.
Er hört mich, und daß er mich hört, betrübt mich:
Neapel bin ich selbst, in dessen Augen
Nicht Ebbe eintrat, seit sie meinen Vater
Den König, sinken sahen.
MIRANDA   Ach, Erbarmen!
FERDINAND Ja, mit ihm und seinen Lords – darunter
[Sein jüngrer Bruder und der Herzog Mailands.]
PROSPERO [Der ältere Bruder jenes Herzogs wird
Ists an der Zeit, in dem Punkt dich belehren.]
Wenn das nicht Liebe auf den ersten Blick ist!
Als Lohn, mein zarter Ariel, winkt dir Freiheit.
Sir, auf ein Wort. Ihr irrt, fürcht ich. Ein Wort.

MIRANDA Wie grob mein Vater mit ihm spricht! Das ist
Der dritte Mann, den ich je sah, der erste
Um den ich seufze. Mitgefühl, laß Vater

  To be enclin'd my way.
Fer. O, if a Virgin,
  And your affection not gone forth, Ile make you
  The Queene of *Naples*.
Pro. Soft sir, one word more.
  They are both in eythers pow'rs: But this swift busines
  I must vneasie make, least too light winning
  Make the prize light. One word more: I charge thee
  That thou attend me: Thou do'st heere vsurpe
  The name thou ow'st not, and hast put thy selfe
  Vpon this Island, as a spy, to win it
  From me, the Lord on't.

Fer. No, as I am a man.
Mir. Ther's nothing ill, can dwell in such a Temple,
  If the ill-spirit haue so fayre a house,
  Good things will striue to dwell with't.

Pro. Follow me.
Pros. Speake not you for him: hee's a Traitor: come,
  Ile manacle thy necke and feete together:
  Sea water shalt thou drinke: thy food shall be
  The fresh-brooke Mussels, wither'd roots, and huskes
  Wherein the Acorne cradled. Follow.
Fer. No,
  I will resist such entertainment, till
  Mine enemy ha's more pow'r.
    He drawes, and is charmed from mouing.
Mira. O deere Father,
  Make not too rash a triall of him, for
  Hee's gentle, and not fearfull.

Ihn sehn, wie ich ihn sehe.
FERDINAND   O, seid Ihr
Ein Mädchen und noch frei, dann mache ich Euch
Zu Neapels Königin.
PROSPERO   So nicht, Sir.
Hört noch ein Wort. Sie sind einander schon
Verfallen. Aber diesen flotten Handel
Muß ich erschweren, soll der allzu leichte
Sieg nicht das Gewicht des Preises mindern.
Noch ein Wörtchen! Ich erwarte, daß du
Mir gut zuhörst! Einen Titel hast du
Dir hier angemaßt, der dir nicht zusteht
Hast als Spion auf diese Insel dich geschlichen
Um sie mir wegzunehmen, ihrem Herrscher.
FERDINAND Ich will kein Mann sein, wenns so ist.
MIRANDA   Nichts Übles
Weilt in solchem Tempel. Wenn das Böse
Ein so schönes Haus bewohnt, dann würde
Das Gute zu ihm ziehen wollen.
PROSPERO   Folg mir.
Sprecht Ihr nicht für ihn. Er ist ein Verräter.
Komm. Ich kette Hände dir an Füße
Salzwasser wirst du trinken, nähren sollen
Flußmuscheln dich, verdorrte Wurzeln, Hülsen
Worin sich Eicheln wiegten. Komm schon!
FERDINAND   Nein
Auf solche Gastfreundschaft verzichte ich
Bis mein Feind mehr Macht hat.
            Er zieht und steht verzaubert still.
MIRANDA   Bester Vater
O, verurteilt ihn nicht vorschnell, er
Ist edel und ganz harmlos.

Pros. What I say,
   My foote my Tutor? Put thy sword vp Traitor,
   Who mak'st a shew, but dar'st not strike: thy conscience
   Is so possest with guilt: Come, from thy ward,
   For I can heere disarme thee with this sticke,
   And make thy weapon drop.

Mira. Beseech you Father.
Pros. Hence: hang not on my garments.
Mira. Sir haue pity,
   Ile be his surety.
Pros. Silence: One word more
   Shall make me chide thee, if not hate thee: What,
   An aduocate for an Impostor? Hush:
   Thou think'st there is no more such shapes as he,
   (Hauing seene but him and *Caliban:*) Foolish wench,
   To th'most of men, this is a *Caliban,*
   And they to him are Angels.
Mira. My affections
   Are then most humble: I haue no ambition
   To see a goodlier man.
Pros. Come on, obey:
   Thy Nerues are in their infancy againe.
   And haue no vigour in them.
Fer. So they are:
   My spirits, as in a dreame, are all bound vp:
   My Fathers losse, the weaknesse which I feele,
   The wracke of all my friends, nor this mans threats,
   To whom I am subdude, are but light to me,
   Might I but through my prison once a day
   Behold this Mayd: all corners else o'th' Earth
   Let liberty make vse of: space enough

PROSPERO   Was denn? Will
   Der Fuß den Kopf beraten? Weg den Säbel
   Staatsfeind, spiel dich nur nicht auf, du wagst es
   Ja doch nicht, zuzustoßen, dein Gewissen
   Ist zu beschwert von Schuld. Schluß mit der Pose
   Denn dich schlägt dieser Stab und macht, daß dir
   Dein Eisen aus der Hand fliegt.
MIRANDA   Vater, bitte –
PROSPERO Hör auf, an mir zu zerren.
MIRANDA   Sir, habt Mitleid
   Ich stehe für ihn ein.
PROSPERO   Sei still! Ein Wort noch
   Und ich muß dich schelten, wo nicht hassen.
   Wie? Anwältin eines Schwindlers? Nichts da!
   Du glaubst, so wen wie den hier gäbs nur einmal
   Denn außer ihm sahst du nur Caliban:
   Du Närrin, stell ihn neben andre Männer
   Und er ist Caliban und sie sind Engel.
MIRANDA Dann fühle ich ganz einfach sehr bescheiden.
   Der Meine muß nicht besser sein als er hier.

PROSPERO Und du gehorchst: du bist ein Kleinkind wieder
   Ganz ohne Kraft.

FERDINAND   So komme ich mir vor
   Als wärs ein Traum, ist mir die Seele unfrei:
   Verlust des Vaters, eigne Schwäche, Schiffbruch
   Aller Freunde, auch die Drohgebärde
   Des Mannes hier, in dessen Macht ich bin
   All das wiegt mir nicht schwer, wenn mir erlaubt wird
   Aus meinem Kerkerfenster einmal täglich
   Dieses Mädchen zu erblicken. Freiheit

Haue I in such a prison.

Pros. It workes: Come on.
   Thou hast done well, fine *Ariell:* follow me,
   Harke what thou else shalt do mee.
Mira. Be of comfort,
   My Fathers of a better nature (Sir)
   Then he appeares by speech: this is vnwonted
   Which now came from him.
Pros. Thou shalt be as free
   As mountaine windes; but then exactly do
   All points of my command.
Ariell. To th'syllable.
Pros. Come follow: speake not for him.   *Exeunt.*

Actus Secundus. Scœna Prima.

Enter Alonso, Sebastian, Anthonio, Gonzalo, Adrian,
Francisco, and others.

Gonz. Beseech you Sir, be merry; you haue cause,
   (So haue we all) of ioy; for our escape
   Is much beyond our losse; our hint of woe
   Is common, euery day, some Saylors wife,
   The Masters of some Merchant, and the Merchant
   Haue iust our Theame of woe: But for the miracle,
   (I meane our preseruation) few in millions
   Can speake like vs: then wisely (good Sir) weigh
   Our sorrow, with our comfort.

Alons. Prethee peace.
Seb. He receiues comfort like cold porredge.

Mag in den andern Erdenwinkeln herrschen
Mir reicht mein Kerkerraum.
PROSPERO   Es wirkt. Nun komm.
Gut gemacht, mein Ariel. Geh mit mir
Hör, was du noch tun sollst.
MIRANDA   Seid nur getrost, Sir
Mein Vater ist der Griesgram nicht, zu dem ihn
Sein Reden macht. Das ist sehr ungewöhnlich
Was er da abließ.
PROSPERO   Wie der Bergwind frei
Wirst du bald sein. Bis dahin aber führst du
Exakt aus, was ich dir befehle.
ARIEL   Auf den Punkt.
PROSPERO Nun komm schon. – Sprich nicht für ihn.

II. Akt 1. Szene

Alonso, Sebastian, Antonio, Gonzalo, Adrian,
Francisco, andere.

GONZALO Sir, ich ersuche Euch um bessre Laune
Ihr habt, wir haben Grund zur Freude, alle:
Wir leben noch, klein wird da das Verlorne.
Alltäglich ist, was wir bejammern, jede
Seemannsbraut hat, jeder Handelsschiffer
Selbst sein Reeder hat als Dauerthema
Untergänge. Dies Mirakel aber
Ich meine unsre Rettung, davon kann
Kaum einer unter Tausend Euch berichten.
Drum, lieber Sir, wägt sinnig Gram und Trost.
ALONSO Still, bitte.
SEBASTIAN Als wärs kein Trost, bloß kalter Haferschleim.

Ant. The Visitor will not giue him ore so.
Seb. Looke, hee's winding vp the watch of his wit,
By and by it will strike.
Gon. Sir.
Seb. One: Tell.
Gon. When euery greefe is entertaind,
That's offer'd comes to th'entertainer.
Seb. A dollor.
Gon. Dolour comes to him indeed, you haue spoken
truer then you purpos'd.
Seb. You haue taken it wiselier then I meant you
should.
Gon. Therefore my Lord.
Ant. Fie, what a spend-thrift is he of his tongue.
Alon. I pre-thee spare.
Gon. Well, I haue done: But yet
Seb. He will be talking.
Ant. Which, of he, or Adrian, for a good wager,
First begins to crow?
Seb. The old Cocke.
Ant. The Cockrell.
Seb. Done: The wager?
Ant. A Laughter.
Seb. A match.
Adr. Though this Island seeme to be desert.
Seb. Ha, ha, ha.
Ant. So: you'r paid.
Adr. Vninhabitable, and almost inaccessible.
Seb. Yet
Adr. Yet
Ant. He could not misse't.
Adr. It must needs be of subtle, tender, and delicate

ANTONIO So rasch läßt Euch ein Dorfpfarrer nicht locker.
SEBASTIAN Seht, er zieht seine Hirnuhr auf, gleich schlägt sie.
GONZALO Sir –
SEBASTIAN Eins. Und mitgezählt.
GONZALO Werfen wir uns jeder Betrübnis, die uns anwandelt, in die Arme, werden wir in ihrer Umarmung –
SEBASTIAN Durstig.
GONZALO Durstig nach Trost, sehr wahr. Ihr sprecht wahrer als Ihr denkt.
SEBASTIAN Und Ihr nehmts trockener als ich es meinte.

Gonzalo Insofern, Mylord –
ANTONIO Pfui, wie er mit seiner Zunge um sich wirft!
ALONSO Bitte, laßt ab.
GONZALO Alles ist gesagt. Und doch –
SEBASTIAN Brabbelt er weiter.
ANTONIO Eine Wette: wer kräht zuerst los, er oder Adrian?

SEBASTIAN Der alte Gockel.
ANTONIO Ich sage, der junge.
SEBASTIAN Gut. Was gilt die Wette?
ANTONIO Einmal lachen.
SEBASTIAN Topp!
ADRIAN Obzwar diese Insel wüst erscheint –
ANTONIO *lacht.*
SEBASTIAN Jetzt habt Ihr Euch selbst bezahlt.
ADRIAN Unwirtlich und nahezu unbewohnbar –
SEBASTIAN So –
ADRIAN So muß –
ANTONIO Das mußte kommen.
ADRIAN So muß sie gleichwohl unter einem gemäßigten,

temperance.

Ant. *Temperance* was a delicate wench.

Seb. I, and a subtle, as he most learnedly deliuer'd.
Adr. The ayre breathes vpon vs here most sweetly.
Seb. As if it had Lungs, and rotten ones.
Ant. Or, as 'twere perfum'd by a Fen.
Gon. Heere is euery thing aduantageous to life.
Ant. True, saue meanes to liue.
Seb. Of that there's none, or little.
Gon. How lush and lusty the grasse lookes?
    How greene?
Ant. The ground indeed is tawny.
Seb. With an eye of greene in't.
Ant. He misses not much.
Seb. No: he doth but mistake the truth totally.
Gon. But the rariety of it is, which is indeed almost
    beyond credit.
Seb. As many voucht rarieties are.
Gon. That our Garments being (as they were) drencht
    in the Sea, hold notwithstanding their freshnesse and
    glosses, being rather new dy'de then stain'd with salte
    water.
Ant. If but one of his pockets could speake, would
    it not say he lyes?
Seb. I, or very falsely pocket vp his report.

Gon. Me thinkes our garments are now as fresh as
    when we put them on first in Affricke, at the marriage
    of the kings faire daughter *Claribel* to the king of *Tunis*.

freundlichen Himmelsstrich liegen.
ANTONIO Sie war freundlich, denn ging sie auf den Himmelsstrich.
SEBASTIAN Ja, drum lag sie gemäßigt unter ihm.
ADRIAN Der Wind haucht uns hier äußerst lieblich an.
SEBASTIAN Als hätte er Mundgeruch.
ANTONIO Oder mit Jauche gegurgelt.
ADRIAN Dem Leben bieten sich viele Vorteile hier.
ANTONIO Wohl wahr, nur keine Lebensmittel.
SEBASTIAN Die hats hier so gut wie überhaupt nicht.
GONZALO Wie satt und saftig das Gras hier wächst! Wie grün!
ANTONIO Ja, es besitzt eine ziemlich grasige Farbe.
SEBASTIAN Mit einem Schuß Grün.
ANTONIO Er vermißt offenbar nicht viel.
SEBASTIAN Nein; er mißversteht die Lage komplett.
GONZALO Aber das Erstaunlichste bleibt, was in der Tat schon fast unglaublich ist -
SEBASTIAN - wie so viele unwahre Begebenheiten -
GONZALO Unsere Kleidung! Von den Fluten durchtränkt, wie sie war, hat sie nichtsdestotrotz ihre Form und Farbe behalten und sieht mehr aus wie neu geschneidert als wie in Salzwasser gewaschen.
ANTONIO Könnten seine Hosensäcke sprechen, würden sie ihn nicht einen Lügensack nennen?
SEBASTIAN Allerdings, oder seinen Lügenbericht stillschweigend einsacken.
GONZALO Mir scheinen unsere Kleider so neu wie an dem Tag, an dem wir sie zum ersten Mal trugen, bei unserer Einschiffung nach Afrika, zur Hochzeit von Claribella, der schönen Tochter unseres Königs, mit dem König von Tunis.

Seb. 'Twas a sweet marriage, and we prosper well in
   our returne.
Adri. *Tunis* was neuer grac'd before with such a Pa-
   ragon to their Queene.
Gon. Not since widdow *Dido's* time.
Ant. Widow? A pox o'that: how came that Wid-
   dow in? Widdow *Dido!*
Seb. What if he had said Widdower *Æneas* too?
   Good Lord, how you take it?

Adri. Widdow *Dido* said you? You make me study
   of that: She was of *Carthage*, not of *Tunis*.
Gon. This *Tunis* Sir was *Carthage*.
Adri. Carthage?   *Gon.* I assure you *Carthage*.

Ant. His word is more then the miraculous Harpe.
Seb. He hath rais'd the wall, and houses too.
Ant. What impossible matter wil he make easy next?

Seb. I thinke hee will carry this Island home in his
   pocket, and giue it his sonne for an Apple.

Ant. And sowing the kernels of it in the Sea, bring
   forth more Islands.
Gon. I.   *Ant.* Why in good time.

Gon. Sir, we were talking, that our garments seeme
   now as fresh as when we were at *Tunis* at the marriage
   of your daughter, who is now Queene.

Ant. And the rarest that ere came there.
Seb. Bate (I beseech you) widdow *Dido*.

SEBASTIAN Es war eine allerliebste Hochzeit, und die Heimfahrt übertrifft die Hinfahrt.
ADRIAN Nie zuvor ward Tunis mit einem vergleichbaren Tugendbild von Königin begnadet.
GONZALO Nicht seit der Wittfrau Dido Zeiten.
ANTONIO Wittfrau! Potz Pocke! Wo kommt die Wittfrau her? Wittfrau Dido!
SEBASTIAN Was, wenn er nun auch noch von „Wittmann Æneas" anfängt, in dessen Armen Wittfrau Dido lag? Grundgütiger, was Euch dazu wohl einfiele!
ADRIAN „Wittfrau Dido", sprecht Ihr? Da bringt Ihr mich ins Zweifeln: sie gründete Karthago, nicht Tunis.
GONZALO Dieses Karthago, Sir, lag in Tunis.
ADRIAN Karthago?
GONZALO Aber ja. Karthago. In Tunis.
ANTONIO Er rührt Städte zusammen wie ein Koch Eidotter.
SEBASTIAN Gewürzt mit Wundern und Wittfrauen.
ANTONIO Unmögliches erledigt er sofort. Was wohl als nächstes?
SEBASTIAN Ich denke mal, er steckt diese Insel in seinen Hosensack, nimmt sie mit nach Hause und schenkt sie seinem Enkel anstelle eines Apfels.
ANTONIO Und sät die Kerne ins Meer und erschafft neue Inseln.
GONZALO Ich –
ANTONIO Besser spät als nie.
GONZALO Sir, wir sprachen gerade davon, daß unsere Kleider auch jetzt noch so neu ausschauen, wie als wir nach Tunis fuhren, zur Hochzeit Eurer Tochter, die nun daselbst die Königin ist.
ANTONIO Und zwar die allerunvergleichlichste daselbst.
SEBASTIAN Mit Verlaub, bis auf Wittfrau Dido.

Ant. O Widdow *Dido*? I, Widdow *Dido*.

Gon. Is not Sir my doublet as fresh as the first day I
wore it? I meane in a sort.
Ant. That sort was well fish'd for.
Gon. When I wore it at your daughters marriage.
Alon. You cram these words into mine eares, against
the stomacke of my sense: would I had neuer
Married my daughter there: For comming thence
My sonne is lost, and (in my rate) she too,
Who is so farre from *Italy* remoued,
I ne're againe shall see her: O thou mine heire
Of *Naples* and of *Millaine*, what strange fish
Hath made his meale on thee?

Fran. Sir he may liue,
I saw him beate the surges vnder him,
And ride vpon their backes; he trod the water
Whose enmity he flung aside: and brested
The surge most swolne that met him: his bold head
'Boue the contentious waues he kept, and oared
Himselfe with his good armes in lusty stroke
To th'shore; that ore his waue-worne basis bowed
As stooping to releeue him: I not doubt
He came aliue to Land.

Alon. No, no, hee's gone.
Seb. Sir you may thank your selfe for this great losse,
That would not blesse our Europe with your daughter,
But rather loose her to an Affrican,
Where she at least, is banish'd from your eye,

ANTONIO O, die Wittfrau Dido! Klar, bis auf die Wittfrau
Dido.
GONZALO Sieht nicht mein Wams aus wie am ersten Tag,
Sir? Ich meine, an jenem ersten Tag -
ANTONIO — da Gott, der Allmächtige, die Wämser erschuf.
GONZALO — unserer Reise zur Hochzeit Eurer Tochter?
ALONSO Ihr stopft mein Ohr mit Reden, die den Magen
Meiner Seele widern. Meine Tochter
Ich hätte nie dorthin sie geben dürfen!
Denn auf der Rückfahrt ging mein Sohn verloren
Und sie, so will mir scheinen, ebenfalls
Denn sie ist nun Italien so fern
Daß ich sie schwerlich wiedersehen werde.
O du, mein Erbe von Neapel und
Von Mailand, welch ein Meertier tut
An dir sich gütlich?
FRANCISCO   Sir, womöglich lebt er:
Ich sah ihn, wie er auf die Wellen einhieb
Und ihre Kämme ritt. Er trat das Wasser
Dessen Anprall er zurückgab, warf die Brust
Der Woge, die sich vor ihm hob, entgegen
Sein Heldenhaupt stets höher reckend
Als die erregte Flut, so ruderte
Er unverdrossen sich mit starkem Armschlag
Der Küste zu, die ihre gischtgehöhlten
Felsen ihm wie rettend zuwarf. Sicher
Gelangte er an Land.
ALONSO   Nein, nein, ers tot.
SEBASTIAN Bedankt Euch bei Euch selbst für den Verlust, Sir
Der Ihr Europa nicht die Tochter gönnt
Sie einem Afrikaner überlaßt
Und so aus Euren Augen sie verbannt

          Who hath cause to wet the greefe on't.
Alon. Pre-thee peace.
Seb. You were kneel'd too, & importun'd otherwise
   By all of vs: and the faire soule her selfe
   Waigh'd betweene loathnesse, and obedience, at
   Which end o'th'beame should bow: we haue lost your
   I feare for euer: *Millaine* and *Naples* haue   (son,
   Mo widdowes in them of this businesse making,
   Then we bring men to comfort them:
   The faults your owne.
Alon. So is the deer'st oth' losse.

Gon. My Lord *Sebastian*,
   The truth you speake doth lacke some gentlenesse,
   And time to speake it in: you rub the sore,
   When you should bring the plaister.
Seb. Very well.   *Ant.* And most Chirurgeonly.

Gon. It is foule weather in vs all, good Sir,
   When you are cloudy.
Seb. Fowle weather?   *Ant.* Very foule.

Gon. Had I plantation of this Isle my Lord.
Ant. Hee'd sow't with Nettle-seed.
Seb. Or dockes, or Mallowes.
Gon. And were the King on't, what would I do?
Seb. Scape being drunke, for want of Wine.

Gon. I'th'Commonwealth I would (by contraries)
   Execute all things: For no kinde of Trafficke
   Would I admit: No name of Magistrate:
   Letters should not be knowne: Riches, pouerty,

64   II, i, 129-156

Die Grund nun haben, naß zu werden.
ALONSO   Still doch.
SEBASTIAN Wir alle hier, wir knieten vor Euch, wir
    Bestürmten Euch, die schöne Seele selbst
    Wog Abscheu und Gehorsam, ungewiß
    Welche Schale sinken muß. Verloren
    Ist Euer Sohn, ich fürchte sehr, für immer:
    Die Art von Handelsschiffahrt schafft Neapel
    Schafft Mailand Witwen an, doch Männer, sie
    Zu trösten, keine. Schuld tragt Ihr.
ALONSO   Ich trage
    Zum Ausgleich auch die bittersten Verluste.
GONZALO Mein Herr Sebastian, Ihr erörtert Wahres
    Doch ohne Takt- und Zeitgefühl, reibt Salz
    In Wunden, die Ihr heilen müßt.

SEBASTIAN   Sehr lieb.
ANTONIO Und äußerst chefärztlich.
GONZALO   Seid Ihr umwölkt
    Verdüstern wir uns alle, guter Herr.
SEBASTIAN Uns verbiestern? Wir?
ANTONIO   Wir vermiesen alles, meint er!
GONZALO Müßte ich dies Eiland kultivieren -
ANTONIO Er säte Nesseln.
SEBASTIAN   Disteln oder Hagdorn.
GONZALO - und wäre König hier, was täte ich?
SEBASTIAN Der Trunksucht mangels Schnaps ein Schnippchen schlagen.
GONZALO In meinem Reich soll mir in allen Dingen
    Das Gegenteil regieren: keinen Handel
    Ließe ich zu, kein Wort wie Obrigkeit
    Die Schrift wär unbekannt, Bereicherung

And vse of seruice, none: Contract, Succession,
Borne, bound of Land, Tilth, Vineyard none:
No vse of Mettall, Corne, or Wine, or Oyle:
No occupation, all men idle, all:
And Women too, but innocent and pure:
No Soueraignty.

Seb. Yet he would be King on't.
Ant. The latter end of his Common-wealth forgets
the beginning.
Gon. All things in common Nature should produce
Without sweat or endeuour: Treason, fellony,
Sword, Pike, Knife, Gun, or neede of any Engine
Would I not haue: but Nature should bring forth
Of it owne kinde, all foyzon, all abundance
To feed my innocent people.

Seb. No marrying 'mong his subiects?
Ant. None (man) all idle; Whores and knaues,
Gon. I would with such perfection gouerne Sir:
T'Excell the Golden Age.
Seb. 'Saue his Maiesty.   *Ant.* Long liue *Gonzalo*.

Gon. And do you marke me, Sir?
Alon. Pre-thee no more: thou dost talke nothing to me.
Gon. I do well beleeue your Highnesse, and did it
to minister occasion to these Gentlemen, who are of
such sensible and nimble Lungs, that they alwayes vse
to laugh at nothing.
Ant. 'Twas you we laugh'd at.
Gon. Who, in this kind of merry fooling am nothing
to you: so you may continue, and laugh at nothing still.

Verarmung, Unterdrückung: nichts davon
Vertrag, Erbfolge, Grundbesitz, Profit
Auch davon nichts; Metall nicht, Mehl nicht, Wein nicht
Oder Öl. Geplacke keines, alle
Männer müßig, alle, und die Weiber
Auch, doch alle unschuldsvoll und rein:
Kein Herrscherhaus –
SEBASTIAN   Nur er will König spielen.
ANTONIO Das Ende seines Reichs vergaß den Anfang.

GONZALO Natur erschafft die Dinge, die wir brauchen
  Ohne Mühsal oder Schweiß, Verrat, Betrug
  Säbel, Lanzen, Messer, Kriegsmaschinen
  Werde ich nicht dulden: die Natur
  Hingegen bringt, nach ihrer Art, die Fülle
  Den Überfluß hervor, von dem mein Volk
  Mein friedliches, sich nährt.
SEBASTIAN Sich vermählt wird bei dem Völkchen auch nicht?
ANTONIO Nein, Mann, alles Huren oder Stricher.
GONZALO Ich würde so perfekt regieren, Sir
  Daß ich das Goldne Zeitalter ausstäche.
SEBASTIAN Ein Hoch dem König!
ANTONIO   Lang lebe Gonzalo!
GONZALO Und – hört Ihr mir etwa zu, Sir?
ALONSO Laßt sein: mir sprecht Ihr von einem Nichts.
GONZALO Das glaube ich Eurer Hoheit gern; ich tats auch
  nur, um diesen Herren, mit ihrem empfindsamen und
  reizbaren Zwerchfell, Gelegenheit zu geben, über nichts
  zu lachen.
ANTONIO Ihr wart es, worüber wir lachten.
GONZALO Der ich, was diese Form von Humor angeht, ein
  Nichts bin im Vergleich zu Euch: also weiter so, lacht

Ant. What a blow was there giuen?
Seb. And it had not falne flat-long.
Gon. You are Gentlemen of braue mettal: you would
lift the Moone out of her spheare, if she would continue
in it fiue weekes without changing.
Enter Ariell playing solemne Musicke.
Seb. We would so, and then go a Bat-fowling.

Ant. Nay good my Lord, be not angry.
Gon. No I warrant you, I will not aduenture my
discretion so weakly: Will you laugh me asleepe, for I
am very heauy.
Ant. Go sleepe, and heare vs.
Alon. What, all so soone asleepe? I wish mine eyes
Would (with themselues) shut vp my thoughts,
I finde they are inclin'd to do so.
Seb. Please you Sir,
Do not omit the heauy offer of it:
It sildome visits sorrow, when it doth, it is a Comforter.

Ant. We two my Lord, will guard your person,
While you take your rest, and watch your safety.

Alon. Thanke you: Wondrous heauy.

Seb. What a strange drowsines possesses them?
Ant. It is the quality o'th'Clymate.
Seb. Why
Doth it not then our eye-lids sinke? I finde
Not my selfe dispos'd to sleep.
Ant. Nor I, my spirits are nimble:

über nichts.
ANTONIO Jetzt hat er zugeschlagen. Und wie!
SEBASTIAN Aber nur mit der flachen Klinge.
GONZALO Ihr seid die Sorte Gentlemen, die zugreift. Fiele es dem Vollmond ein, fünf Wochen lang nicht abzunehmen, Ihr würdet ihn glatt aus seiner Sphäre hebeln.
Ariel läßt eine feierliche Musik erklingen.
SEBASTIAN Das würden wir, als Leuchte für die Jagd auf olle Uhus.
ANTONIO Nicht doch, lieber Herr, regt Euch nicht auf.
GONZALO I wo, aus der Fassung bringt der Schwachsinn mich nicht. Aber könntet ihr mich in Schlaf lachen? Mich überkommt Müdigkeit.
ANTONIO Streckt Euch aus und lauscht.
ALONSO Wie, alles schläft? Ich wünschte, meine Lider
Sperrten auch mein Grübeln aus: ich fühle
Sie sind dem Wunsch geneigt.
SEBASTIAN   Sir, bitte
Weist des Schlafs Offerte nicht zurück:
Dem Kummer naht er selten: tut ers dennoch
Will er trösten.
ANTONIO   Er und ich, Mylord
Behüten Euren Schlummer und besorgen
Daß er sicher ist.
ALONSO   Habt Dank. – So müde.
Er schläft ein.
SEBASTIAN Seltsam, wie der Schlaf sie plötzlich anfällt.
ANTONIO Das macht das Klima hier.
SEBASTIAN   Warum dann werden
Nicht auch uns die Lider schwer? Mich schläfert
In keinster Weise.
ANTONIO   Ich bin auch knallwach.

>   They fell together all, as by consent
>   They dropt, as by a Thunder-stroke: what might
>   Worthy *Sebastian?* O, what might? no more:
>   And yet, me thinkes I see it in thy face,
>   What thou should'st be: th'occasion speaks thee, and
>   My strong imagination see's a Crowne
>   Dropping vpon thy head.
>
> *Seb.* What? art thou waking?
>
> *Ant.* Do you not heare me speake?
>
> *Seb.* I do, and surely
> > It is a sleepy Language; and thou speak'st
> > Out of thy sleepe: What is it thou didst say?
> > This is a strange repose, to be asleepe
> > With eyes wide open: standing, speaking, mouing:
> > And yet so fast asleepe.
>
> *Ant.* Noble *Sebastian*,
> > Thou let'st thy fortune sleepe: die rather: wink'st
> > Whiles thou art waking.
>
> *Seb.* Thou do'st snore distinctly,
> > There's meaning in thy snores.
>
> *Ant.* I am more serious then my custome: you
> > Must be so too, if heed me: which to do,
> > Trebbles thee o're.
>
> *Seb.* Well: I am standing water.
>
> *Ant.* Ile teach you how to flow.
>
> *Seb.* Do so: to ebbe
> > Hereditary Sloth instructs me.
>
> *Ant.* O!
> > If you but knew how you the purpose cherish
> > Whiles thus you mocke it: how in stripping it

Sie fielen alle wie aufs Stichwort um
Als ob ein Blitzschlag sie getroffen hätte.
Was mag das, mein Sebastian, o, was mag das –
Nichts mehr davon. Und doch, mir ist, ich sehs
Dir an, zu was du werden sollst: zu dir
Spricht die Gelegenheit, im Geist erblick ich
Wie eine Krone sich aufs Haupt dir senkt.
SEBASTIAN Was, du willst wach sein?
ANTONIO   Hörst du mich nicht sprechen?
SEBASTIAN Schlafsprache höre ich, du sprichst wie einer
   Der im Schlaf spricht. Was hast du gesagt?
   Es ist doch seltsam, so mit offnen Augen
   In Schlaf zu fallen, stehend, sprechend, gehend
   Und doch in tiefem Schlaf.

ANTONIO   Sebastian, Edler
   Du lullst dein Glück in Schlaf – nein, läßt es sterben
   Verschläfst es offnen Augs.
SEBASTIAN   Du schnarchst schon klarer
   Da steckt mir Sinn in deiner Schnarcherei.
ANTONIO Ausnahmsweise meine ich es ernst.
   Folgt mir darin, und Ihr findet Euch
   Dreifach erhöht.
SEBASTIAN   Je nun, in mir habt Ihr
   Ein stehendes Gewässer.
ANTONIO   Steigen bringe
   Ich Euch bei.
SEBASTIAN   Das tut: mich lehrte Erbrecht
   Nur eine träge Dauerebbe.
ANTONIO   O
   Wäre Euch bewußt, wie Ihr den Endzweck
   Indem Ihr ihn verspottet, adelt; wie Ihr

You more inuest it: ebbing men, indeed
(Most often) do so neere the bottome run
By their owne feare, or sloth.
Seb. 'Pre-thee say on,
The setting of thine eye, and cheeke proclaime
A matter from thee; and a birth, indeed,
Which throwes thee much to yeeld.
Ant. Thus Sir:
Although this Lord of weake remembrance; this
Who shall be of as little memory
When he is earth'd, hath here almost perswaded
(For hee's a Spirit of perswasion, onely
Professes to perswade) the King his sonne's aliue,
'Tis as impossible that hee's vndrown'd,
As he that sleepes heere, swims.

Seb. I haue no hope
That hee's vndrown'd.
Ant. O, out of that no hope,
What great hope haue you? No hope that way, Is
Another way so high a hope, that euen
Ambition cannot pierce a winke beyond
But doubt discouery there. Will you grant with me
That *Ferdinand* is drown'd.
Seb. He's gone.
Ant. Then tell me, who's the next heire of *Naples?*
Seb. Claribell.
Ant. She that is Queene of *Tunis:* she that dwels
Ten leagues beyond mans life: she that from *Naples*
Can haue no note, vnlesse the Sun were post:

The Man i'th Moone's too slow, till new-borne chinnes

Ihn verkleinernd, ihm erst Größe leiht!
In der Tat, die Ebbeherren schippern
Knapp über Grund aus nichts als träger Rechtsfurcht.
SEBASTIAN So rede schon, verrät mir doch dein Blick
Wie deine Miene, du willst äußerst dringlich
Mit etwas niederkommen.

ANTONIO   Hiermit, Sir:
Dem Lord hier, dems an Erdkunde gebricht
Von dem, ist er erst Erde, nichts mehr kündet
Gelang es fast, den König zu beschwätzen
Denn das ist er, ein Beschwätzungskünstler
Er tritt nur zum Beschwätzen an, sein Sohn
Sei noch am Leben, wo doch, daß er nicht
Ertrank, so glaubhaft ist, wie daß die Schläfer
Hier Schwimmer sind.
SEBASTIAN   Ich habe keine Hoffnung
Daß er nicht ertrank.
ANTONIO   O, wie Euch keine
Hoffnung große Hoffnung gibt! Der Weg
Durch keine Hoffnung führt zu höchster Hoffnung
So hoch, daß kein Ehrgeiz höher blickt
Weil er da nichts zu finden meint. Ihr denkt
Wie ich, daß Ferdinand ertrank?
SEBASTIAN   Ers hin.
ANTONIO Wer also erbt Neapel?
SEBASTIAN   Claribella.
ANTONIO Die Königin von Tunis, die fast schon
Auf einem anderen Planeten lebt
Sie, die keine Nachricht aus Neapel
Empfangen kann (sofern die Sonne nicht
Den Boten macht, der Mann im Mond hinkt gar

Be rough, and Razor-able: She that from whom
We all were sea-swallow'd, though some cast againe,
(And by that destiny) to performe an act
Whereof, what's past is Prologue; what to come
In yours, and my discharge.

Seb. What stuffe is this? How say you?
   'Tis true my brothers daughter's Queene of *Tunis*,
So is she heyre of *Naples*, 'twixt which Regions
There is some space.
Ant. A space, whose eu'ry cubit
   Seemes to cry out, how shall that *Claribell*
Measure vs backe to *Naples*? keepe in *Tunis*,
And let *Sebastian* wake. Say, this were death
That now hath seiz'd them, why they were no worse
Then now they are: There be that can rule *Naples*
As well as he that sleepes: Lords, that can prate
As amply, and vnnecessarily
As this *Gonzallo*: I my selfe could make
A Chough of as deepe chat: O, that you bore
The minde that I do; what a sleepe were this
For your aduancement? Do you vnderstand me?

Seb. Me thinkes I do.
Ant. And how do's your content
   Tender your owne good fortune?
Seb. I remember
   You did supplant your Brothet *Prospero*.
Ant. True:
   And looke how well my Garments sit vpon me,

Zu langsam), eh nicht neugeborne Wangen
Stopplig und beschabbar werden; sie, von der
Heimsegelnd alle uns das Meer verschlang
Um gleich drauf ein paar schicksalhaft Erwählte
Flott auszuspeien eines Schaustücks wegen
Zu dem das der Prolog war: weiter geht es
Wie Ihr und ich es spielen.
SEBASTIAN   Wovon sprecht Ihr?
   Meine Nichte ist die Königin in Tunis
   Ganz recht, und nunmehr Erbin von Neapel
   Und Raum ist auch dazwischen.
ANTONIO   Scheint es nicht
   Als riefe jede Elle dieses Raums:
   Wie willst du, gute Claribel, mich je
   Zurück ins heimische Neapel haspeln?
   In Tunis bleib und laß Sebastian machen!
   Gesetzt, es wär der Tod, der die hier schlug:
   Wer oder was wär übler dran als jetzt?
   Neapel kann ein Anderer regieren
   So gut wie da der Schläfer. Schwätzen können
   Auch andre Lords, grad so bestußt und schwaflig
   Wie Gonzalo; eine Dohle bring ich Euch
   Dazu, solch Zeug zu krächzen. O, wärt Ihr
   Vom selben Holz wie ich! Wie höbe Euch
   Dieser Schlaf empor! Versteht Ihr mich?
SEBASTIAN Ich denke doch.
ANTONIO   Und wie gefällt Euch das
   Was Euer Glück Euch zuwirft?
SEBASTIAN   Ihr habt Euren
   Bruder Prospero verdrängt.
ANTONIO   Korrekt:
   Und seht, wie prachtvoll mir der Staatsrock paßt

  Much feater then before: My Brothers seruants
  Were then my fellowes, now they are my men.
Seb. But for your conscience.
Ant. I Sir: where lies that? If 'twere a kybe
  'Twould put me to my slipper: But I feele not
  This Deity in my bosome: 'Twentie consciences
  That stand 'twixt me, and *Millaine*, candied be they,

  And melt ere they mollest: Heere lies your Brother,
  No better then the earth he lies vpon,

  If he were that which now hee's like (that's dead)
  Whom I with this obedient steele (three inches of it)
  Can lay to bed for euer: whiles you doing thus,
  To the perpetuall winke for aye might put
  This ancient morsell: this Sir Prudence, who
  Should not vpbraid our course: for all the rest
  They'l take suggestion, as a Cat laps milke,
  They'l tell the clocke, to any businesse that
  We say befits the houre.
Seb. Thy case, deere Friend
  Shall be my president: As thou got'st *Millaine*,
  I'le come by *Naples:* Draw thy sword, one stroke
  Shall free thee from the tribute which thou paiest,
  And I the King shall loue thee.
Ant. Draw together:
  And when I reare my hand, do you the like
  To fall it on *Gonzalo*.
Seb. O, but one word.
    Enter Ariell with Musicke and Song.
Ariel. My Master through his Art foresees the danger
  That you (his friend) are in, and sends me forth

Besser noch als ihm. Ein Sklave meines Bruders
War ich mit anderen: jetzt sind sie meine.
SEBASTIAN Nur das Gewissen.
ANTONIO   Ja, wo sitzt das, Sir?
Wärs eine Frostbeul', zwäng es mich in Puschen
In meiner Brust hingegen drückt mich
Dieser Götze nicht: und wachten hundert
Gewissen zwischen mir und Mailand, 's wären
Schneemänner, die, eh sie schmerzen, schmelzen.
Hier liegt Euer Bruder, der nicht besser
Als der Staub sein wird, auf dem er liegt
Wenn er erst ist, was er jetzt scheint, sprich tot
Den ich, mit diesem sehr ergebnen Eisen
Drei Zoll davon, ins Bett für immer lege
Indes Ihr den antiken Überrest
Sir Weltklug hier, zur Dauerruhe legt
Damit er uns nicht querschießt. Und der Rest
Schluckt, was wir lügen, wie die Katze Milch schlappt
Stellt seine Uhr nach jedem Unternehmen
Dessen Stunde uns gekommen dünkt.
SEBASTIAN Dein Tun, mein lieber Freund, ist mir ein Vorbild:
Wie du zu Mailand kamst, so schnapp ich mir
Neapel. Zieh dein Schwert: ein Stoß befreit dich
Von dem Tribut, den du mir zahlst, und ich
Dein König, bin dir gut.
ANTONIO   Wir ziehn gemeinsam:
Und Ihr, erhebe ich die Faust, tuts auch
Und senkt sie auf Gonzalo.
SEBASTIAN   O, ein Wort noch.

Ariel

ARIEL Mein Herr, dank seiner Kunst, sieht die Gefahr
Die Euch droht, seinem Freund, und sendet mich

(For else his proiect dies) to keepe them liuing.
> *Sings in Gonzaloes eare.*
> *While you here do snoaring lie,*
> *Open-ey'd Conspiracie*
> *His time doth take*:
> *If of Life you keepe a care,*
> *Shake off slumber and beware.*
> *Awake, awake.*

Ant. Then let vs both be sodaine.
Gon. Now, good Angels preserue the King.

Alo. Why how now hoa; awake? why are you drawn?
  Wherefore this ghastly looking?
Gon. What's the matter?
Seb. Whiles we stood here securing your repose,
  (Euen now) we heard a hollow burst of bellowing
  Like Buls, or rather Lyons, did't not wake you?
  It strooke mine eare most terribly.
Alo. I heard nothing.
Ant. O, 'twas a din to fright a Monsters eare;
  To make an earthquake: sure it was the roare
  Of a whole heard of Lyons.
Alo. Heard you this *Gonzalo*?

Gon. Vpon mine honour, Sir, I heard a humming,
  (And that a strange one too) which did awake me:
  I shak'd you Sir, and cride: as mine eyes opend,
  I saw their weapons drawne: there was a noyse,
  That's verily: 'tis best we stand vpon our guard;
  Or that we quit this place: let's draw our weapons.

Alo. Lead off this ground & let's make further search

Damit sein Plan nicht fehlschlägt, Euch zu retten.
Singt in Gonzalos Ohr
Derweil ihr hier schnarchend ruht
Greift offner Verräter Mut
Nach der Macht.
Liegt Euch am Leben
Wollt flink Euch erheben:
Erwacht! Erwacht!
ANTONIO Dann laßt es uns rasch angehn.
GONZALO   Gute Engel
  Rettet uns den König!
ALONSO Wie? Was? Wach? Warum habt Ihr gezogen?
Was seht ihr so bleich?
GONZALO   Was gibt es denn?
SEBASTIAN Wir stehn hier, Eure Ruhe zu bewachen
  Da hebt jählings ein dumpfes Brüllen an
  Wie Stiere, oder besser Löwen: nichts
  Gehört? Mir fiel das Ohr fast ab.
ALONSO   Nein, nichts.
ANTONIO Mann, 's war ein Krach, ein Monsterohr zu
  Erdstöße auszulösen! Klar, Gebrüll wars   [schrecken
  Von 'nem ganzen Löwenrudel.
ALONSO   Hörtet
Ihr das, Gonzalo?
GONZALO   Sir, bei meiner Ehre
  Ich hörte ein Gesumm, ein ungewohntes
  Das mich weckte, tu die Augen auf
  Und sehe blanke Waffen, rüttle Euch
  Und rufe: daß da Lärm war, das steht fest.
  Wir sollten besser auf der Hut sein, oder
  Die Stelle räumen. Ziehn wir auch die Waffen.
ALONSO Führt mich hier weg: wir suchen meinen Sohn.

For my poore sonne.
Gon. Heauens keepe him from these Beasts:
For he is sure i'th Island.
Alo. Lead away.
Ariell. Prospero my Lord, shall know what I haue done.
So (King) goe safely on to seeke thy Son. *Exeunt.*

Scœna Secunda.

Enter Caliban, with a burthen of Wood (a noyse of Thunder heard.)

Cal. All the infections that the Sunne suckes vp
From Bogs, Fens, Flats, on *Prosper* fall, and make him
By ynch-meale a disease: his Spirits heare me,
And yet I needes must curse. But they'll nor pinch,
Fright me with Vrchyn-shewes, pitch me i'th mire,
Nor lead me like a fire-brand, in the darke
Out of my way, vnlesse he bid 'em; but
For euery trifle, are they set vpon me,
Sometime like Apes, that moe and chatter at me,
And after bite me: then like Hedg-hogs, which
Lye tumbling in my bare-foote way, and mount
Their pricks at my foot-fall: sometime am I
All wound with Adders, who with clouen tongues
Doe hisse me into madnesse: Lo, now Lo, *Enter*
Here comes a Spirit of his, and to torment me *Trinculo.*
For bringing wood in slowly: I'le fall flat,
Perchance he will not minde me.

GONZALO Schütz ihn der Himmel vor den Bestien! Denn
  Er ist hier auf der Insel.
ALONSO   Führt mich weg.
ARIEL Such nur in Frieden, König, deinen Sohn:
  Zu Prospero! Mir winkt der Freiheit Lohn.

2. Szene

Caliban

CALIBAN Infekte, von der Sonne hochgesaugt
  Aus Schlamm, aus Schlick, aus Scheiße, fallt auf Prosper
  Und freßt ihn zentimeterweise auf!
  Seine Geister hören mich und dennoch
  Muß ich fluchen. Zwar: sie stechen weder
  Noch schreckt mich ihr Spuk, noch tunken sie
  Mich in den Sumpf, noch führen sie als Flämmchen
  Mich im Finstern in die Irre, ohne
  Daß er es ihnen aufträgt. Dafür aber
  Hetzt er sie auf mich bei jedem Klacks
  Mal als Affen, die mich schnatternd höhnen
  Und dann beißen; dann als Stacheligel
  Die mir vor meine nackten Füße kullern
  Und ihre Piekser hochstelln, wo ich trete.
  Ab und an umschnürt er mich mit Nattern
  Deren Gabelzungen zischen mich verrückt.
        Trinculo
  Da, da! Da kommt von seinen Geistern einer
  Und soll mich quälen, weil das Holz nicht da ist.
  Ich mach mich flach und hoff, er übersieht mich.

Tri. Here's neither bush, nor shrub to beare off any
weather at all: and another Storme brewing, I heare it
sing ith' winde: yond same blacke cloud, yond huge
one, lookes like a foule bumbard that would shed his
licquor: if it should thunder, as it did before, I know
not where to hide my head: yond same cloud cannot
choose but fall by paile-fuls. What haue we here, a man,
or a fish? dead or aliue? a fish, hee smels like a fish: a
very ancient and fish-like smell: a kinde of, not of the
newest poore-Iohn: a strange fish: were I in *England*
now (as once I was) and had but this fish painted; not
a holiday-foole there but would giue a peece of siluer:
there, would this Monster, make a man: any strange
beast there, makes a man: when they will not giue a
doit to relieue a lame Begger, they will lay out ten to see
a dead *Indian*: Leg'd like a man; and his Finnes like
Armes: warme o' my troth: I doe now let loose my o-
pinion; hold it no longer; this is no fish, but an Islan-
der, that hath lately suffered by a Thunderbolt: Alas,
the storme is come againe: my best way is to creepe vnder his Gaberdine: there is no other shelter herea-
bout: Misery acquaints a man with strange bedfel-
lowes: I will here shrowd till the dregges of the storme
be past.

Enter Stephano singing.
Ste. I shall no more to sea, to sea, here shall I dye ashore.

This is a very scuruy tune to sing at a mans
Funerall: well, here's my comfort. *Drinkes.*
Sings. The Master, the Swabber, the Boate-swaine & I;
The Gunner, and his Mate
Lou'd Mall, Meg, and Marrian, and Margerie,

TRINCULO Nich Busch, noch Strauch, 'n Wetter abzuhalten, und schon braut sich der nächste Sturm zusammen, ich hörn im Wind pfeifen: die schwarze Wolke da, die mächtige, sieht aus wien oller Weinschlauch, der gleich platzt. Wenns nochmal so dunnert wie grad eben, weiß ich nich, wo mich verkriechen, und die besagte Wolke hat keine Wahl, als zu schütten wie aus Eimern. Was ham wir hier? Mensch oder Fisch? Tot oder lebendig? Ein Fisch: es riecht wien Fisch, 'n äußerst antiquarianischer Fischgeruch, wie nich mehr ganz frischer Klippfisch. Ein kurioser Fisch! Wäre ich in England jetzt, wo ich schon mal war, und ich würd den Fisch ausstelln, da wär kein Jahrmarktsfex, der nichn Silberstück springen ließ. Da würd son Fabeltier sein Mann ernährn, jedes Monster ernährt da sein Mann; eim lahmen Bettler gebense kein Penny, aber fürn Blick aufn ausgestopften Indianer legense glatt zehn hin. Gräten wien Mensch! Und Flossen wie Arme! Warm, mein Seel! Ich laß nunmehr meine Ansicht sausen, haltse nich weiter aufrecht: das is kein Fisch nich, das isn Insulaner mitm Blitzschlag. O Mann, der Sturm kommt wieder! Das beste is, ich kriech mit unter seine Plache, wo hier sonst kein Unterschlupf is. Die Not legt eim seltne Genossen ins Bett. Ich krabbel hier mit drunter, bis der Sturm schlappmacht.

STEPHANO Ich fahre nun nimmer zur See, zur See
Ich ankere hier an Land.
Reichlich bescheuertes Lied fürn Seemannsbegräbnis. Na, hier kommt mein Trösterich. *[Er trinkt.]*
Der Käptn, der Decksmaat, der Schiffszimmermann
Und ich, der Kanonier
Wir legen bei Mary und Molly an

> *But none of vs car'd for Kate.*
> *For she had a tongue with a tang,*
> *Would cry to a Sailor goe hang:*
> *She lou'd not the sauour of Tar nor of Pitch,*
> *Yet a Tailor might scratch her where ere she did itch.*
> *Then to Sea Boyes, and let her goe hang.*
>
> This is a scuruy tune too:
> But here's my comfort. *drinks.*

Cal. Doe not torment me: oh.

Ste. What's the matter?
Haue we diuels here?
Doe you put trickes vpon's with Saluages, and Men of Inde? ha? I haue not scap'd drowning, to be afeard now of your foure legges: for it hath bin said; as proper a man as euer went on foure legs, cannot make him giue ground: and it shall be said so againe, while *Stephano* breathes at' nostrils.

Cal. The Spirit torments me: oh.

Ste. This is some Monster of the Isle, with foure legs; who hath got (as I take it) an Ague: where the diuell should he learne our language? I will giue him some reliefe if it be but for that: if I can recouer him, and keepe him tame, and get to *Naples* with him, he's a Present for any Emperour that euer trod on Neates-leather.

Cal. Doe not torment me 'prethee: I'le bring my wood home faster.

Ste. He's in his fit now; and doe's not talke after the wisest; hee shall taste of my Bottle: if hee haue neuer drunke wine afore, it will goe neere to remoue his Fit: if I can recouer him, and keepe him tame, I will not take too much for him; hee shall pay for him that hath him,

Doch Kate, die umsegeln wir
Denn die hat 'ne Zunge, spitz wie ein Pfriem
Klopft 'n Seemann, gleich keift sie: zur Hölle mit ihm!
Steigt ihr Teer in die Nase, flugs schneidet sie Fratzen
Doch juckt es sie wo, darf ein Nähmann da kratzen:
Drum an Bord, Jungs! Zur Hölle mit ihr und mit ihm!
Nochn beklopptes Lied: aber hier ist mein Trösterich.

CALIBAN Nicht mich piesacken: o!
STEPHANO Was haben wir hier? Teufel vielleicht? Führt ihr uns an der Nase rum als Waldschrate und Wilde Männer, hä? Ich bin aber nicht knapp am Ersaufen vorbeigeschrammt, um jetzt vor deinen vier Stelzen wegzurennen; denn nicht umsonst steht geschrieben: Der schnellste Mann, der je auf vier Füßen lief, soll dich nicht dazu bringen, Reißaus zu nehmen; und dabei wird es, solange Stephanos Nase Luft zieht, bleiben.
CALIBAN Der Geist will mich piesacken: o!
STEPHANO Ein inseltypisches Vierfüßlermonster, aber mit Schüttelfrost, will ich meinen. Wo, zum Teufel, hat es sprechen gelernt wie wir? Schon darum will ich ihm was gönnen. Päppel ichs wieder hoch und kriegs gezähmt und komm mit ihm bis Neapel, ist es ein Präsent für jeden Großmotz, der je auf Ledersohlen wandelte.

CALIBAN Nicht mich piesacken bitte; ich mach ja hin mit meinem Holz.
STEPHANO Das macht jetzt sein Fieber, daß es Blödsinn blubbert. Ich geb ihm 'n Schluck aus meiner Buddel: kennts keinen Wein, wirds davon so gut wie neu. Bekomm ichs aufgepäppelt und mach es handzahm, dann nehm ich nicht mehr dafür, als ich kriegen kann; wers sehn will,

and that soundly.
Cal. Thou do'st me yet but little hurt; thou wilt a-
non, I know it by thy trembling: Now *Prosper* workes
vpon thee.
Ste. Come on your wayes: open your mouth: here
is that which will giue language to you Cat; open your
mouth; this will shake your shaking, I can tell you, and
that soundly: you cannot tell who's your friend; open
your chaps againe.
Tri. I should know that voyce:
It should be,
But hee is dround; and these are diuels; O de-
fend me.
Ste. Foure legges and two voyces; a most delicate
Monster: his forward voyce now is to speake well of
his friend; his backward voice, is to vtter foule speeches,
and to detract: if all the wine in my bottle will recouer
him, I will helpe his Ague: Come: Amen, I will
poure some in thy other mouth.
Tri. Stephano.
Ste. Doth thy other mouth call me? Mercy, mercy:
This is a diuell, and no Monster: I will leaue him, I
haue no long Spoone.
Tri. Stephano: if thou beest *Stephano*, touch me, and
speake to me: for I am *Trinculo*; be not afeard, thy
good friend *Trinculo*.
Ste. If thou bee'st *Trinculo*: come foorth: I'le pull
thee by the lesser legges: if any be *Trinculo's* legges,
these are they: Thou art very *Trinculo* indeede: how
cam'st thou to be the siege of this Moone-calfe? Can
he vent *Trinculo's*?
Tri. I tooke him to be kil'd with a thunder-strok; but

muß blechen, und das orntlich.

CALIBAN *[zu Trinculo unter der Plache]* Du hast mir noch nix zuleid getan; aber gleich wirst dus, ich merks an deinem Gebibber: Prosper wirkt an dir.

STEPHANO Komm hoch, sperrs Maul auf, mit Wein geht dir die Zunge auf Stelzen, du Kriechtier. Das schüttelt dir dein Schütteln durch, kann ich dir flüstern, und zwar orntlich: dann merkst du, wer dein Freund ist. Nochmal Kiefer auf.

TRINCULO Die Stimme kenn ich doch: wenn das nich – aber ders ersoffen, und hier das sind böse Geister! O Schirmundschützemich!

STEPHANO An Beinen vier und an Mäulern zwei: ein abwechslungsreiches Monster! Sein Vordermaul ist schon ganz gut auf seinen Freund zu sprechen; sein Hintermaul dagegen lästert und setzt ihn runter. Wenn der Wein in meiner Buddel reicht, daß er sich bekobert, krieg ich sein Fieber weg. Komm! Und Amen. Und jetzt was in dein andres Maul.

TRINCULO Stephano!

STEPHANO Dein andres Maul ruft nach mir? Erbarmen, Erbarmen! Der böse Feind ist das und kein Monster: ich verkrümle mich, ich hab den langen Löffel nicht dabei.

TRINCULO Stephano! Bist du Stephano, kneif mich und red zu mir, denn ich bin Trinculo – keine Bange – dein alter Kumpel Trinculo.

STEPHANO Bist du Trinculo, komm da vor! Ich zieh dich bei den Haxen 'raus, den kürzeren, denn sind hier welche von Trinculo, dann die. Trinculo! Tatsache! Wieso bist du dem Mondkalb sein Häufchen? Kann es Trinculos kacken?

TRINCULO Ich dachte erst, 'n Blitzschlag hätts gekillt. Aber

art thou not dround *Stephano*: I hope now thou art
not dround: Is the Storme ouer-blowne? I hid mee
vnder the dead Moone-Calfes Gaberdine, for feare of
the Storme: And art thou liuing *Stephano*? O *Stephano*,
two *Neapolitanes* scap'd?

Ste. 'Prethee doe not turne me about, my stomacke
is not constant.
Cal. These be fine things, and if they be not sprights:
that's a braue God, and beares Celestiall liquor: I will
kneele to him.
Ste. How did'st thou scape?
How cam'st thou hither?
Sweare by this Bottle how thou cam'st hither: I escap'd
vpon a But of Sacke, which the Saylors heaued o're-
boord, by this Bottle which I made of the barke of
a Tree, with mine owne hands, since I was cast a'-
shore.

Cal. I'le sweare vpon that Bottle, to be thy true subiect, for the liquor is not earthly.
St. Heere: sweare then how thou escap'dst.

Tri. Swom ashore (man) like a Ducke: I can swim
like a Ducke i'le be sworne.

Ste. Here, kisse the Booke.
Though thou canst swim like a Ducke, thou art made
like a Goose.
Tri. O *Stephano*, ha'st any more of this?
Ste. The whole But (man) my Cellar is in a rocke

bist du denn nich abgesoffen, Stephano? Das will ich nich hoffen, daß du abgesoffen bist. Verpustet sich der Sturm? Es war aus Schiß vor dem Sturm, daß ich mich unter dem lädierten Mondkalb seiner Plache verkrochen hab. Und du lebst noch, Stephano? O Mann, Stephano, ein Neapolitaner und noch einer und sind dem Tod entwischt!

STEPHANO Schwenk mich bitte nich so rum, mein Magen kann das nich verknusen.

CALIBAN Außer, daß sie Geister sind, sind sie ganz nette Dinger. Der da ist ein gütiger Gott und teilt himmlischen Trank aus: ich will ihn anbeten.

TRINCULO *[mit der Flasche]* Wie bist du entwischt? Und wie kamst du hierher? Leg die Flosse auf die Buddel, die linke, und schwöre, wie du hierher kamst.

STEPHANO *[legt die Hand auf die Flasche]* Ich schwöre auf die Buddel, ich kam hierher geklammert an 'n Faß Spanischen, was die Seeleute hatten über Bord gehn lassen *[entwindet Trinculo die Flasche]* und die hab ich ausner Kürbisrinde geschnitzelt, eigenhändig, kaum daß ich an Land war.

CALIBAN Auf die Buddel, ich schwöre, ich bin dein gläubiger Anbeter, denn dein Trank ist überirdisch.

STEPHANO *[gibt ihm zu trinken]* Da hast du. *[Zu Trinculo]* Und jetzt du, auf die Buddel: wie bist du entwischt?

TRINCULO *[legt die Hand auf die Flasche]* Bin landwärts geschwommen, Mann, wiene Ente: ich schwimm dir wiene Ente, geschworen.

STEPHANO *[gibt ihm aus der Flasche zu trinken]* Hier, küß die Bibel. *[Nimmt die Flasche weg]* Schwimmt wiene Ente, säuft wiene Gans.

TRINCULO O Stephano, hast du von dem noch mehr?

STEPHANO Das ganze Faß, Mann, mein Weinkeller ist 'ne

    by th'sea-side, where my Wine is hid:
    How now Moone-Calfe, how do's thine Ague?
Cal. Ha'st thou not dropt from heauen?
Ste. Out o'th Moone I doe assure thee. I was the
    Man ith' Moone, when time was.
Cal. I haue seene thee in her: and I doe adore thee:
    My Mistris shew'd me thee, and thy Dog, and thy Bush.

Ste. Come, sweare to that: kisse the Booke: I will
    furnish it anon with new Contents: Sweare.
Tri. By this good light, this is a very shallow Mon-
    ster: I afeard of him? a very weake Monster:
    The Man ith' Moone?
    A most poore creadulous Monster:
    Well drawne Monster, in good sooth.
Cal. Ile shew thee euery fertill ynch 'oth Island: and
    I will kisse thy foote: I prethee be my god.

Tri. By this light, a most perfidious, and drunken
    Monster, when's god's a sleepe he'll rob his Bottle.

Cal. Ile kisse thy foot. Ile sweare my selfe thy Subiect.

Ste. Come on then: downe and sweare.
Tri. I shall laugh my selfe to death at this puppi-hea-
    ded Monster: a most scuruie Monster: I could finde in
    my heart to beate him.
Ste. Come, kisse.
Tri. But that the poore Monster's in drinke:
    An abhominable Monster.
Cal. I'le shew thee the best Springs: I'le plucke thee
    Berries: I'le fish for thee; and get thee wood enough.

Felsgrotte am Strand, da hab ichs versteckt. Na, Mondkalb, was macht dein Fieber?
CALIBAN Du bist vom Himmel gefallen, oder?
STEPHANO Vom Mond, sag ich dir, ich war 'ne Zeit als Mann im Mond unterwegs.
CALIBAN Da hab ich dich gesehn und dich verehrt. Mein Fräulein hat dich mir gezeigt, mit deinem Hund und deinem Reisigbündel.
STEPHANO Komm, beschwör mir das, küß das Buch, gleich füll ichs wieder voll: schwör.
TRINCULO Beim hellerlichten Tag, das isn Einfaltspinsel von Monster! Und ich scheiß mich bald an! Ein Flachmonster! Mann im Mond! Ein Hinterwäldlermonster! Abern guten Zuch haste, Monster, das muß der Neid dir lassen.

CALIBAN Ich zeig dir jedes Fleckchen Nutzland auf der Insel, und ich küsse dir den Fuß: nur sei mein Gott, ich bitt dich.
TRINCULO Bei Sonne und Mond, ein hinterhältiges und trunksüchtiges Monster: kaum schnarcht sein Gott, klaut er ihm die Buddel.
CALIBAN Ich küsse dir den Fuß. Ich schwöre, ich bin dein gläubiger Anbeter.
STEPHANO Na, dann komm: runter und schwören!
TRINCULO Ich lach mich tot über den Knallkopp von Monster! Ein total beknacktes Monster! Wär das arme Monsterchen nicht so blau –
STEPHANO Komm schon, küssen.
TRINCULO – ich hätte Lust, es blau zu hauen. Ein Ekelmonster!
CALIBAN Wo die klarsten Quellen sind, ich zeigs dir. Beeren pflücke ich für dich, ich fange Fische dir und

    A plague vpon the Tyrant that I serue;
    I'le beare him no more Stickes, but follow thee, thou
    wondrous man.
Tri. A most rediculous Monster, to make a wonder of
    a poore drunkard.
Cal. I 'prethee let me bring thee where Crabs grow;
    and I with my long nayles will digge thee pig-nuts;
    show thee a Iayes nest, and instruct thee how to snare
    the nimble Marmazet: I'le bring thee to clustring
    Philbirts, and sometimes I'le get thee young Scamels
    from the Rocke: Wilt thou goe with me?
Ste. I pre'thee now lead the way without any more
    talking. *Trinculo*, the King, and all our company else
    being dround, wee will inherit here: Here; beare my
    Bottle: Fellow *Trinculo*; we'll fill him by and by a-
    gaine.
                Caliban Sings drunkenly.
    Farewell Master; farewell, farewell.
Tri. A howling Monster: a drunken Monster.
Cal. *No more dams I'le make for fish,*
       Nor fetch in firing, at requiring,
       Nor scrape trenchering, nor wash dish,
       Ban' ban' Cacalyban
       Has a new Master, get a new Man.
    Freedome, high-day, high-day freedome, freedome high-
    day, freedome.

Ste. O braue Monster; lead the way.   *Exeunt.*

hole Holz genug. Die Pest auf den Tyrannen, dem ich diene! Kein Stöckchen schlepp ich ihm mehr an, ich folge dir, du Wundermann.

TRINCULO Das Monster nennt 'n armen Suffkopp Wundermann. Albern.

CALIBAN Holzäpfel pflücke ich für dich, ich grabe mit meinen Krallen Erdkastanien aus, aufs Nest des Hähers weise ich dich hin, ich lehr dich, flinkes Affenfleisch zu jagen, ich führe dich zu vollen Haselbüschen, und von den Klippen fange ich dir manchmal junge Lummen. Willst du mit mir gehen?

STEPHANO Vorausgesetzt, du stellst das Gequassel ein. Trinculo, insoweit der König samt unserer ganzen Schiffsgesellschaft ertrunken ist, sind wir Dero Erben; hier, Mundschenk, bewahre meine Buddel. Keine Bange, Bruder Trinculo, wir fülln sie von Zeit zu Zeit auf.

CALIBAN Lebt wohl, Herr Meister, lebt wohl, lebt wohl!

TRINCULO Ein Jaulmonster! Ein Saufmonster!

CALIBAN *singt betrunken*
Für euch nicht länger fisch ich
Noch schlepp ich ein Scheit
Weil ihr danach schreit
Noch kratz ich den Topf aus, noch wisch ich:
Ban, Ban, Cacaliban
Hat einen neuen Herrn: 'n neuen Knecht schafft selbst euch an.
Freiheit, Glanztag, Glanztag, Freiheit, Freiheit, Glanztag, Freiheit!

STEPHANO O gutes Monster! Geh voran.

Actus Tertius. Scœna Prima.

Enter Ferdinand (bearing a Log.)

Fer. There be some Sports are painfull; & their labor
  Delight in them set off: Some kindes of basenesse
  Are nobly vndergon; and most poore matters
  Point to rich ends: this my meane Taske
  Would be as heauy to me, as odious, but
  The Mistris which I serue, quickens what's dead,
  And makes my labours, pleasures: O She is
  Ten times more gentle, then her Father's crabbed;
  And he's compos'd of harshnesse. I must remoue
  Some thousands of these Logs, and pile them vp,
  Vpon a sore iniunction; my sweet Mistris
  Weepes when she sees me worke, & saies, such basenes
  Had neuer like Executor: I forget:
  But these sweet thoughts, doe euen refresh my labours,
  Most busie lest, when I doe it. *Enter Miranda*
  and Prospero.

Mir. Alas, now pray you
  Worke not so hard: I would the lightning had
  Burnt vp those Logs that you are enioynd to pile:
  Pray set it downe, and rest you: when this burnes
  'Twill weepe for hauing wearied you: my Father
  Is hard at study; pray now rest your selfe,
  Hee's safe for these three houres.

Fer. O most deere Mistris,
  The Sun will set before I shall discharge

III. Akt 1. Szene

FERDINAND *trägt Holz* Sport ist Arbeit, und der Kraftzuwachs
   Macht sie uns leicht: manch niedrige Verrichtung
   Hebt unsern Adel, und viel armes Tun
   Dient reichen Zwecken. Dieser öde Job hier
   Wäre nichts als schwer und hassenswert
   Für mich, wenn nicht die Dame, der ich diene
   Tote weckte, und mir meine Fron
   Zur Freude machen würde: o, sie ist
   Zehnmal weicher als ihr Vater hart ist
   Und der ist wie aus Stein. Sein saurer Wille
   Befiehlt mir, hunderte von diesen Scheitern
   Da abzutragen und dort neu zu stapeln.
   Meine liebste Herrin weint, sieht sie
   Mich werken, sagt, so groben Dienst
   Versahen solche Hände nie zuvor.
   Ich säume: doch dies liebe Wissen macht mir
   Erst recht die Arbeit leicht, wenn ich sie tue.
              Miranda
MIRANDA Ach, bitte, plackt Euch nicht so schwer: ich
   Ein Blitz ließ diese Scheite, die zu stapeln   [wünschte
   Euch befohlen ward, zu Asche werden!
   Setzt es doch ab und rastet: noch im Ofen
   Wird es weinen, weil es Euch beschwerte.
   In seine Bücher tief vergraben ist
   Mein Vater, darum, bitte, ruht Euch aus:
   Drei Stunden seid Ihr vor ihm sicher.
FERDINAND   O
   Geliebte Herrin, eh getan ist, was

What I must striue to do.
Mir. If you'l sit downe
   Ile beare your Logges the while: pray giue me that,
   Ile carry it to the pile.
Fer. No precious Creature,
   I had rather cracke my sinewes, breake my backe,
   Then you should such dishonor vndergoe,
   While I sit lazy by.
Mir. It would become me
   As well as it do's you; and I should do it
   With much more ease: for my good will is to it,
   And yours it is against.
Pro. Poore worme thou art infected,
   This visitation shewes it.
Mir. You looke wearily.
Fer. No, noble Mistris, 'tis fresh morning with me
   When you are by at night: I do beseech you
   Cheefely, that I might set it in my prayers,
   What is your name?
Mir. *Miranda*, O my Father,
   I haue broke your hest to say so.
Fer. Admir'd *Miranda*,
   Indeede the top of Admiration, worth
   What's deerest to the world: full many a Lady
   I haue ey'd with best regard, and many a time
   Th'harmony of their tongues, hath into bondage
   Brought my too diligent eare: for seuerall vertues
   Haue I lik'd seuerall women, neuer any
   With so full soule, but some defect in her
   Did quarrell with the noblest grace she ow'd,
   And put it to the foile. But you, O you,

Ich tun muß, geht die Sonne schlafen.
MIRANDA   Setzt Euch
   Und ich indes trag Euer Holz: gebt mir das
   Ich brings zum Stapel.
FERDINAND   Nein, du holdes Wesen
   Lieber will ich krumm und lahm mich schuften
   Als daß Ihr dieser Schmach Euch unterzieht
   Und ich sitz faul dabei.
MIRANDA   Mir stehts nicht schlechter
   An als Euch: und mir fällts leichter, denn
   Mir rät mein Wille zu, und Eurer rät
   Euch ab.
PROSPERO   Das arme Wurm ist angesteckt
   Wie die Visite zeigt.
MIRANDA   Ihr seht schachmatt aus.
FERDINAND Nein, edle Herrin, naht Ihr Euch des Abends
   Umgibt mich Morgenfrische. Seid so gütig
   Und sagt (damit ich Euch in mein Gebet
   Einschließen kann) mir, wie Ihr heißt.
MIRANDA   Miranda.
   O Vater, ich mißachte dein Gebot.
FERDINAND Miranda, die Bewundernswerte! Wahrlich
   Wert des Gipfels der Bewundrung, alles
   Wunderbare dieser Welt wert! 's kam
   Schon vor, daß ich 'ne Lady gerne sah
   Und auch, daß der Wohlklang ihrer Stimme
   Mein allzu zahmes Ohr in Fesseln schlug:
   Um dieses oder jenes Vorzugs willen
   Schätzte ich diese oder jene Frau
   Doch keine so aus ganzer Seele, stets
   Bekriegte da ein Makel ihren Liebreiz
   Und unterjochte ihn: doch Ihr, o, Ihr

So perfect, and so peerlesse, are created
Of euerie Creatures best.

Mir. I do not know
One of my sexe; no womans face remember,
Saue from my glasse, mine owne: Nor haue I seene
More that I may call men, then you good friend,
And my deere Father: how features are abroad
I am skillesse of; but by my modestie
(The iewell in my dower) I would not wish
Any Companion in the world but you:
Nor can imagination forme a shape
Besides your selfe, to like of: but I prattle
Something too wildely, and my Fathers precepts
I therein do forget.

Fer. I am, in my condition
A Prince (*Miranda*) I do thinke a King
(I would not so) and would no more endure
This wodden slauerie, then to suffer
The flesh-flie blow my mouth: heare my soule speake.
The verie instant that I saw you, did
My heart flie to your seruice, there resides
To make me slaue to it, and for your sake
Am I this patient Logge-man.

Mir. Do you loue me?
Fer. O heauen; O earth, beare witnes to this sound,
And crowne what I professe with kinde euent
If I speake true: if hollowly, inuert
What best is boaded me, to mischiefe: I,

So unvergleichlich und vollkommen, Ihr
Vereint in Euch die Reize aller Frauen.
MIRANDA Mein Geschlecht vertrete hier nur ich
Kein Frauenantlitz zeigt sich mir, es sei denn
Im Spiegelglas das meinige; noch sah ich
Mehr, die ich Männer nennen will, als Euch
Mein Freund, und meinen lieben Vater: wie sie
Andernorts geformt sind, weiß ich nicht.
Doch, bei meiner Einfalt, dem Juwel
In meinem Brautschatz, wünschen will ich mir
Aus aller Welt allein Euch zum Gefährten
Selbst Phantasie kann kein Gebilde schaffen
Das mir gefiele so wie Ihr. Ich plappre
Wild drauflos, und meines Vaters Vorschrift
Ist vergessen.
FERDINAND   Ich, nach meiner Herkunft
Bin ein Prinz, Miranda; ich vermeine
Ein König (wärs doch nicht so): dulden muß
Ich die Holzknechtschaft nicht länger, als ich
Ein Aasinsekt auf meinen Lippen litte.
Hört nur meine Seele sprechen: kaum
Daß mein Auge Euch erblickte, flog
Mein Herz zu Eurem Dienst, dort residiert es
Um mich als einen Sklaven sich zu halten:
Der unverdroßne Klötzeschlepper bin ich
Um Euretwillen.
MIRANDA   Liebt Ihr mich?
FERDINAND   O Himmel
O Erde, seid die Zeugen des Gesagten
Und krönt, was ich erkläre, wenn es wahr ist
Mit Gedeihen, wenn ich es erheuchle
Kehrt, was mir herrlich winkt, um in Verderbnis!

    Beyond all limit of what else i'th world
    Do loue, prize, honor you.

Mir. I am a foole
    To weepe at what I am glad of.
Pro. Faire encounter
    Of two most rare affections: heauens raine grace
    On that which breeds betweene 'em.

Fer. Wherefore weepe you?
Mir. At mine vnworthinesse, that dare not offer
    What I desire to giue; and much lesse take
    What I shall die to want: But this is trifling,
    And all the more it seekes to hide it selfe,
    The bigger bulke it shewes. Hence bashfull cunning,
    And prompt me plaine and holy innocence.
    I am your wife, if you will marrie me;
    If not, Ile die your maid: to be your fellow
    You may denie me, but Ile be your seruant
    Whether you will or no.

Fer. My Mistris (deerest)
    And I thus humble euer.
Mir. My husband then?
Fer. I, with a heart as willing
    As bondage ere of freedome: heere's my hand.
Mir. And mine, with my heart in't; and now farewel
    Till halfe an houre hence.
Fer. A thousand, thousand.   *Exeunt.*
Pro. So glad of this as they I cannot be,

Welche Grenzen uns die Welt auch setzt
Ich liebe, preise und verehre Euch
Über sie hinaus.
MIRANDA   Ich bin ein Narr
Daß ich beweine, was mich freut.
PROSPERO   Aufs schönste
Begegnen sich in ihr zwei Leidenschaften!
Auf das, was zwischen ihnen keimt, ihr Himmel
Regnet euren Segen.
FERDINAND   Warum weint Ihr?
MIRANDA Über meine Feigheit, die nicht wagt
Zu bieten, was zu geben mich verlangt
Und noch viel weniger, zu nehmen
Was zu entbehren rasch mich sterben ließe.
Doch ist dies bloße Tändelei: je mehr sie
Zu verbergen sucht, je stärker zeigt
Sein Buckel sich. Hinweg, Verhohlenheit!
Gib du das Stichwort, schlichte, fromme Unschuld!
Wünscht Ihr die Ehe, bin ich Eure Gattin
Wenn nicht, will ich als Eure Stallmagd sterben
Als Gemahlin mögt Ihr mich verschmähen
Doch Eure Putzfrau werde ich, ob Ihr
Das wollt, ob nicht.
FERDINAND   Ihr meine Herrin, Liebste
Und ich in Demut, immer.
MIRANDA   Als mein Gatte?
FERDINAND Ja, mit einem Herzen, zugeneigt
Wie Sklaverei der Freiheit: meine Hand.
MIRANDA Und meine, die mein Herz gibt: und nun kurz
Ein Lebewohl.
FERDINAND   Tausend mal tausend Euch!!
PROSPERO Ich kann so froh nicht sein wie sie, die all dies

Who are surpriz'd with all; but my reioycing
At nothing can be more: Ile to my booke,
For yet ere supper time, must I performe
Much businesse appertaining. *Exit.*

Scœna Secunda.

Enter Caliban, Stephano, and Trinculo.

Ste. Tell not me, when the But is out we will drinke
water, not a drop before; therefore beare vp, & boord
em' Seruant Monster, drinke to me.

Trin. Seruant Monster? the folly of this Iland, they
say there's but fiue vpon this Isle; we are three of them,
if th'other two be brain'd like vs, the State totters.

Ste. Drinke seruant Monster when I bid thee, thy
eies are almost set in thy head.

Trin. Where should they bee set else? hee were a
braue Monster indeede if they were set in his taile.

Ste. My man-Monster hath drown'd his tongue in
sacke: for my part the Sea cannot drowne mee, I swam
ere I could recouer the shore, fiue and thirtie Leagues
off and on, by this light thou shalt bee my Lieutenant
Monster, or my Standard.

Trin. Your Lieutenant if you list, hee's no standard.
Ste. Weel not run Monsieur Monster.

Trin. Nor go neither: but you'l lie like dogs, and yet
say nothing neither.

Überrascht; jedoch mehr Freude fände
Ich an nichts. Zu meinem Buch muß ich.
Denn bis zur Zeit des Nachtmahls habe ich
Noch manches zu bestellen.

2. Szene

Caliban, Stephano, Trinculo

STEPHANO Rand halten! Wir saufen Wasser, wenn das Faß leer is, keinen Tropfen früher: also hieven und bunkern. Dienstmonster, auf mein Wohl!

TRINCULO Dienstmonster? Urwaldschrat! Quakt, wir sind zu fünft auffer Insel: wir hier sind schon mal drei, und wenn die zwei annern im Kopp so sortiert sind wie wir, dann gute Nacht, Staat.

STEPHANO Willst du wohl saufen, Dienstmonster! Dir fallen gleich die Glubscher zu im Schädel.

TRINCULO Wo solln sie ihm wohl sonst zufalln? Das wärn Supermonster, dem die Glubscher im Hintern zufalln.

STEPHANO Meim Monstermann ist die Zunge im Rotwein ersoffen: was mich angeht, mich hat nich mal der Ozean ersoffen, ich schwommte, fünfunddreißig Meilen hin und fünfunddreißig Meilen her, eh ich auf Land stieß. Beim Licht, du sollst mein Leutnant sein, Monster, oder mein Fahnenjunker.

TRINCULO Eher Fahnenjunker, weil, 'ne Fahne hatter.

STEPHANO Fahnenflucht is bei uns nich, Musjöh Monster. Sauf!

TRINCULO Nee, ihr steht zu eurer Fahne bis zum Umfalln und dann liegt ihr, wie Hunde, wo 'ne Fahne am Schwanz ham.

Ste. Moone-calfe, speak once in thy life, if thou beest
   a good Moone-calfe.
Cal. How does thy honour? Let me licke thy shooe:
   Ile not serue him, he is not valiant.
Trin. Thou liest most ignorant Monster, I am in case
   to iustle a Constable: why, thou debosh'd Fish thou,
   was there euer man a Coward, that hath drunk so much
   Sacke as I to day? wilt thou tell a monstrous lie, being
   but halfe a Fish, and halfe a Monster?
Cal. Loe, how he mockes me, wilt thou let him my
   Lord?
Trin. Lord, quoth he? that a Monster should be such
   a Naturall?
Cal. Loe, loe againe: bite him to death I prethee.

Ste. Trinculo, keepe a good tongue in your head: If
   you proue a mutineere, the next Tree: the poore Monster's my subiect, and he shall not suffer indignity.

Cal. I thanke my noble Lord. Wilt thou be pleas'd
   to hearken once againe to the suite I made to thee?
Ste. Marry will I: kneele, and repeate it,
   I will stand, and so shall *Trinculo*.
          Enter Ariell inuisible.
Cal. As I told thee before, I am subiect to a Tirant,
   A Sorcerer, that by his cunning hath cheated me
   Of the Island.
Ariell. Thou lyest.
Cal. Thou lyest, thou iesting Monkey thou:
   I would my valiant Master would destroy thee.
   I do not lye.
Ste. Trinculo, if you trouble him any more in's tale,

STEPHANO Mondkalb, sprichst du in diesem Leben noch was?
Sei ein liebes Mondkalb und sprich was.
CALIBAN Wie geht es deiner Ehren? Laß mich deinen Schuh
lecken: dem da diene ich nicht, er hat keinen Mumm.
TRINCULO Du lügst, saudummes Monster: ich bin fähig und
schubse einen Schutzmann. Was denn, du aufgeblasener
Hering du, hat etwa je ein Hosenscheißer soviel Spanischen gesoffen wie ich heute? Is nich Fisch nich Fleisch
und haut so monstermäßige Lügen raus!
CALIBAN Hört, wie er meiner spottet! Läßt du ihn das tun,
hoher Herr?
TRINCULO „Hoher Herr"? Das willn Monster sein? 'n Dorfdepp is das!
CALIBAN Hör bloß, hör, schon wieder! Bitte beiß ihn tot,
bitte!
STEPHANO Trinculo, brems deine Zunge: ich warn dich,
machst du hiern Aufstand – 's gibt Bäume auf der Insel,
Äste dran! Das arme Monster is mein Untertan und soll
keine Despektierlichkeit leiden.
Caliban Ich danke meinem hohen Herrn. Geruhst du, was
ich dir antrug, noch einmal zu hören?
STEPHANO Klar geruhe ich: knie nieder und wiederhols; ich
will stehn, und Trinculo steht auch.

CALIBAN Wie ich zuvor dir sagte, preßt mich ein Tyrann, ein
Hexer, der mit seiner Kunst um diese Insel mich betrog.

ARIEL *unsichtbar, mit Trinculos Stimme* Du lügst.
CALIBAN Du lügst, du alberner Affe, du! Mein heldenhafter
Herr möge dich zerstören! Ich lüge nicht.

STEPHANO Trinculo, fällst du ihm nochmal ins Wort, dann,

By this hand, I will supplant some of your teeth.

Trin. Why, I said nothing.
Ste. Mum then, and no more: proceed.
Cal. I say by Sorcery he got this Isle
From me, he got it. If thy Greatnesse will
Reuenge it on him, (for I know thou dar'st)
But this Thing dare not.
Ste. That's most certaine.
Cal. Thou shalt be Lord of it, and Ile serue thee.
Ste. How now shall this be compast?
Canst thou bring me to the party?
Cal. Yea, yea my Lord, Ile yeeld him thee asleepe,
Where thou maist knocke a naile into his head.
Ariell. Thou liest, thou canst not.
Cal. What a py'de Ninnie's this? Thou scuruy patch:
I do beseech thy Greatnesse giue him blowes,
And take his bottle from him: When that's gone,
He shall drinke nought but brine, for Ile not shew him
Where the quicke Freshes are.
Ste. Trinculo, run into no further danger:
Interrupt the Monster one word further, and by this
hand, Ile turne my mercie out o'doores, and make a
Stockfish of thee.
Trin. Why, what did I? I did nothing:
Ile go farther off.
Ste. Didst thou not say he lyed?
Ariell. Thou liest.
Ste. Do I so? Take thou that,
As you like this, giue me the lye another time.
Trin. I did not giue the lie: Out o'your wittes, and
hearing too?

bei dieser Faust, entwurzle ich ein paar von deinen Zähnen.
TRINCULO Wieso, ich hab nix gesagt.
STEPHANO Dann bleib so und gut. Fahre fort.
CALIBAN Durch faulen Zauber stahl er diese Insel, sag ich, mir stahl er sie weg. Wollte deine Hoheit das an ihm rächen, denn daß dus wagst, das weiß ich, der Typ da wagt es nicht –
STEPHANO So viel steht fest.
CALIBAN – sollst du der Herrscher sein und ich dein Volk.
STEPHANO Wie kriegt man das gedeichselt? Kannst du mich da einführn?
CALIBAN Ja, ja, Mylord: ich liefre ihn dir schlafend, du schlägst ihm einen Nagel durch den Kopf.
ARIEL Du lügst; das kannst du nicht.
CALIBAN Was ein Papagei von einem Tölpel! Du krummer Lumpenhund! Ich flehe deine Hoheit, ihn zu prügeln! Und nimm ihm seine Flasche ab, ist sie weg, soll er Salzlake saufen, dem zeig ich keine frische Quelle.

STEPHANO Trinculo, jetzt sei gut zu dir: unterbrich das Monster noch einmal, und ich, bei dieser Faust, ich setz die Freundschaft vor die Tür und mach aus dir Trockenfisch.

TRINCULO Wieso, was tu ich denn? Ich tu doch garnix. Ich geh jetzt ma weiter weg.
STEPHANO Hast du nich grad gesagt, er lügt?
ARIEL Du lügst.
STEPHANO So, tu ich das? Nimm den, du. Willst du mehr davon, einfach nochmal Lügner zu mir sagen.
TRINCULO Ich hab doch garnicht Lügner zu dir gesagt! Erst geht das Hirn flöten und dann die Ohrn? Die Pest auf

A pox o'your bottle, this can Sacke and drinking doo:
A murren on your Monster, and the diuell take your
fingers.
Cal. Ha, ha, ha.
Ste. Now forward with your Tale: prethee stand
further off.
Cal. Beate him enough: after a little time
Ile beate him too.
Ste. Stand farther: Come proceede.
Cal. Why, as I told thee, 'tis a custome with him
I'th afternoone to sleepe: there thou maist braine him,
Hauing first seiz'd his bookes: Or with a logge
Batter his skull, or paunch him with a stake,
Or cut his wezand with thy knife. Remember
First to possesse his Bookes; for without them
Hee's but a Sot, as I am; nor hath not
One Spirit to command: they all do hate him
As rootedly as I. Burne but his Bookes,
He ha's braue Vtensils (for so he calles them)
Which when he ha's a house, hee'l decke withall.
And that most deeply to consider, is
The beautie of his daughter: he himselfe
Cals her a non-pareill: I neuer saw a woman
But onely *Sycorax* my Dam, and she;
But she as farre surpasseth *Sycorax*,
As great'st do's least.

Ste. Is it so braue a Lasse?
Cal. I Lord, she will become thy bed, I warrant,

deine Buddel! Das kommt von dem Gesöff und der ganzen Sauferei. Dein Monster soll der Rotlauf fressen, und der Teufel deine Knochenfinger.

CALIBAN Ha, ha, ha!

STEPHANO Jetzt weiter im Text: du stehst weiter weg.

CALIBAN Hau ihn nur tüchtig: gleich danach hau ich ihn auch.

STEPHANO Noch weiter weg. Komm, red weiter.

CALIBAN Ja, wie ich sage: er verzichtet niemals
Auf sein Mittagsschläfchen: da kommst du
Mit deinem Nagel, doch erst krallst du dir
Seine Bücher; oder schmetterst ihm
Den Schädel mit 'nem Holzscheit ein, du kannst ihn
Auch spießen oder ihm die Gurgel schlitzen
Mit deinem Dolch. Nur eins vergiß nicht, vorher
Mußt du ihm sein Buch wegnehmen. Denn
Ohne das ist er wie ich: ganz machtlos
Nicht ein Geist gehorcht ihm noch, sie alle
Hassen ihn so abgrundtief wie ich.
All seine Utensilien, so nennt er
Den Kram, mit dem er einst sein Schloß, wenn er
Eins hat, möblieren will, sind dein, verbrennen
Mußt du nur seine Bücher. Und speziell
Fragt es sich, was wird mit seiner Tochter
Die ist so wunderschön, er selbst nennt sie
Ein Nonpareil: ich selbst sah keine Frau
Außer meiner Mutter Sycorax
Und ihr, doch über Sycorax ragt sie
Wie Größtes über Kleinstes.

STEPHANO   So ein Schätzchen?

CALIBAN Ja, Herr; die spreizt sich in deinem Bett garantiert

And bring thee forth braue brood.
Ste. Monster, I will kill this man: his daughter and
 I will be King and Queene, saue our Graces: and *Trin-*
 culo and thy selfe shall be Vice-royes:
 Dost thou like the plot *Trinculo?*
Trin. Excellent.
Ste. Giue me thy hand, I am sorry I beate thee:
 But while thou liu'st keepe a good tongue in thy head.
Cal. Within this halfe houre will he be asleepe,
 Wilt thou destroy him then?
Ste. I on mine honour.
Ariell. This will I tell my Master.
Cal. Thou mak'st me merry: I am full of pleasure,
 Let vs be iocond. Will you troule the Catch
 You taught me but whileare?
Ste. At thy request Monster, I will do reason,
 Any reason: Come on *Trinculo*, let vs sing.
   Sings.
 Flout 'em, and cout 'em: and skowt 'em, and flout 'em,
  Thought is free.

Cal. That's not the tune.
   Ariell plaies the tune on a Tabor and Pipe.
Ste. What is this same?
Trin. This is the tune of our Catch, plaid by the pic-
 ture of No-body.
Ste. If thou beest a man, shew thy selfe in thy likenes:
 If thou beest a diuell, take't as thou list.
Trin. O forgiue me my sinnes.
Ste. He that dies payes all debts: I defie thee;
 Mercy vpon vs.

gut und wirft dir strammen Nachwuchs.
STEPHANO Monster, ich kill den Mann: seine Tochter und ich werden König und Königin von eigenen Gnaden, und Trinculo und du, ihr seid Vizekönige. Trinculo, gefällt dir der Plan?
TRINCULO Exzellent.
STEPHANO Deine Hand: tut mir leid mit dem Schlag. Aber is dir dein Leben lieb, brems deine Zunge.
CALIBAN 'ne halbe Stunde noch, dann schnarcht er: zerstörst du ihn dann?
STEPHANO Jawohl, bei meiner Ehre.
ARIEL Das melde ich meinem Meister.
CALIBAN Du machst mich munter, ich bin kreuzvergnügt, laßt uns jokös sein: trällerst du den Kanon, den du mich gerade gelehrt hast?
STEPHANO Auf deinen Wunsch, Monster, tu ich, was ich kann, was ich kann. Komm ran, Trinculo, wir schmettern einen.
Bewitzelt sie, bespitzelt sie
Bekrittelt und zerschnitzelt sie:
Die Gedanken sind frei
Die Gedanken sind frei.
CALIBAN Das war nicht das Lied.
Ariel spielt das Lied auf Flöte und Handtrommel.
STEPHANO Was ist aber jetzt das?
TRINCULO Das is die Melodie von unserm Kanon, gepfiffen und getrommelt von Mister Unsichtbar.
STEPHANO Bist du ein Mensch, zeig dich als der: bist du ein Teufel, treibs wie du mußt.
TRINCULO O, vergib mir meine Schuld!
STEPHANO Der Tod zahlt alle Schulden: du kannst mir gar nichts. Gnade!

Cal. Art thou affeard?
Ste. No Monster, not I.
Cal. Be not affeard, the Isle is full of noyses,
    Sounds, and sweet aires, that giue delight and hurt not:
    Sometimes a thousand twangling Instruments
    Will hum about mine eares; and sometime voices,
    That if I then had wak'd after long sleepe,
    Will make me sleepe againe, and then in dreaming,
    The clouds methought would open, and shew riches
    Ready to drop vpon me, that when I wak'd
    I cri'de to dreame againe.

Ste. This will proue a braue kingdome to me,
    Where I shall haue my Musicke for nothing.
Cal. When *Prospero* is destroy'd.
Ste. That shall be by and by:
    I remember the storie.
Trin. The sound is going away,
    Lets follow it, and after do our worke.
Ste. Leade Monster,
    Wee'l follow: I would I could see this Taborer,
    He layes it on.
Trin. Wilt come?
    Ile follow *Stephano*.   *Exeunt.*

                Scena Tertia.

Enter Alonso, Sebastian, Anthonio, Gonzallo,
        Adrian, Francisco, &c.

Gon. By'r lakin, I can goe no further, Sir,

CALIBAN Du fürchtest dich?
STEPHANO Ich doch nicht, Monster.
CALIBAN Fürchte dich nicht, die Insel macht Geräusche
Gibt Klänge von sich, schöne Harmonien
Die ergötzen und nicht wehtun. Manchmal
Umschwirrt es mich wie tausend Instrumente
Die in das Ohr mir summen, und manchmal
Singen Stimmen mich, der ich erwacht
Aus langem Schlaf bin, wiederum in Schlaf
Und träumend ist mir dann, als täten sich
Die Wolken auf und zeigten Schätze mir
Dazu bestimmt, auf mich herabzuregnen
Und ich erwache, heulend nach mehr Traum.
STEPHANO Das ist ein nettes Königreich, in dem es die Musik umsonst gibt.
CALIBAN Wenn Prospero zerstört ist.
STEPHANO Eins nach dem andern: ich hab deine Story nicht vergessen.
TRINCULO Der Klang zieht weiter: wir folgen ihm, und dann ran an die Arbeit.
STEPHANO Geh voran, Monster, wir folgen dir. Ich wollt, ich könnt den Trommler sehn: der hats drauf.

TRINCULO Kommst du? Keine Sorge, ich lauf hinter Stephano.

3. Szene

Alonso, Sebastian, Antonio, Gonzalo, Adrian, Francisco

GONZALO Bei'r Jungfrau Mutter, Sir, ich kann nicht weiter

My old bones akes: here's a maze trod indeede
Through fourth-rights, & Meanders: by your patience,
I needes must rest me.

Al. Old Lord, I cannot blame thee,
Who, am my selfe attach'd with wearinesse
To th'dulling of my spirits: Sit downe, and rest:
Euen here I will put off my hope, and keepe it
No longer for my Flatterer: he is droun'd
Whom thus we stray to finde, and the Sea mocks
Our frustrate search on land: well, let him goe.

Ant. I am right glad, that he's so out of hope:
Doe not for one repulse forgoe the purpose
That you resolu'd t'effect.

Seb. The next aduantage will we take throughly.

Ant. Let it be to night,
For now they are oppress'd with trauaile, they
Will not, nor cannot vse such vigilance
As when they are fresh.

Solemne and strange Musicke: and Prosper on the top (inuisible:) Enter seuerall strange shapes, bringing in a Banket; and dance about it with gentle actions of salutations, and inuiting the King, &c. to eate, they depart.

Seb. I say to night: no more.
Al. What harmony is this? my good friends, harke.

Die alten Knochen streiken. Hier geht sichs
Wahrhaftig wie in einem Labyrinth:
In Winkeln und in Schlingen. Ihr gestattet
Ich muß mich setzen.
ALONSO				Altes Herrchen, ich
Kann es dir nicht verübeln, der ich selbst
Von Müdigkeit gepackt bin bis zur Lähmung
Aller Lebensgeister: setz dich hin
Und ruh dich aus. An diesem Punkt tu ich
Mein Hoffen von mir ab, ich hielt den Schmeichler
Mir viel zu lang. Er ist ertrunken, den wir
So irrend finden wollen, und das Meer
Höhnt unsre arme Sucherei an Land.
Wir lassen ihn nun gehn.
ANTONIO				Mir kommts zupaß
Daß ihn die Hoffnung so verläßt. Und Ihr
Gebt eines Fehlstarts wegen nicht das Rennen
Das tapfer angetretne, auf.
SEBASTIAN				Die nächste Chance
Wird voll und ganz genutzt.
ANTONIO				Sie naht heut Nacht
Weil, jetzt hat sie der Fußmarsch angestrengt
Auch wenn sie wollen, können sie so wachsam
Nicht sein, wie als sie frisch warn.
SEBASTIAN				Nacht dann. Still jetzt.

*Feierliche und fremdartige Musik. Prospero erscheint oben
(unsichtbar). Sonderbare Schatten treten auf und tragen ein
Bankett herein; sie umtanzen es mit freundlich grüßenden
Gebärden, und indem sie den König und sein Gefolge
einladen zu essen, verschwinden sie.*

ALONSO Was erklingt uns da? Meine Freunde, hört nur!

Gon. Maruellous sweet Musicke.
Alo. Giue vs kind keepers, heauens: what were these?
Seb. A liuing *Drolerie:* now I will beleeue
   That there are Vnicornes: that in *Arabia*
   There is one Tree, the Phœnix throne, one Phœnix
   At this houre reigning there.
Ant. Ile beleeue both:
   And what do's else want credit, come to me
   And Ile besworne 'tis true: Trauellers nere did lye,
   Though fooles at home condemne 'em.

Gon. If in *Naples*
   I should report this now, would they beleeue me?
   If I should say I saw such Islands;
   (For certes, these are people of the Island)
   Who though they are of monstrous shape, yet note
   Their manners are more gentle, kinde, then of
   Our humaine generation you shall finde
   Many, nay almost any.
Pro. Honest Lord,
   Thou hast said well: for some of you there present;
   Are worse then diuels.
Al. I cannot too much muse
   Such shapes, such gesture, and such sound expressing
   (Although they want the vse of tongue) a kinde
   Of excellent dumbe discourse.

Pro. Praise in departing.
Fr. They vanish'd strangely.
Seb. No matter, since   (macks.
   They haue left their Viands behinde; for wee haue sto-
   Wilt please you taste of what is here?

GONZALO Wundersame, liebliche Musik! [diese?
ALONSO Ihr Himmel, sendet eure guten Engel: was warn
SEBASTIAN Ein Puppenspiel, das lebt. Jetzt glaube ich
   An Einhörner, ich glaube an Arabiens
   Einen Baum, den Thron des Phœnix, glaube
   Daß ein Phœnix dort regiert.
ANTONIO   Ich glaube beides
   Und was noch sonst Beweis braucht, bringt zu mir
   Und ich beschwöre, wahr ists: unsre Welt-
   Umsegler logen nicht, ob auch daheim
   Ein paar Narren sie verdammen.
GONZALO   In Neapel
   Wenn ich das da berichte, glaubt mir einer?
   Wenn ich behaupte, ich sah Inselwesen
   Denn gewißlich sind sie von der Insel
   Die, obschon recht unförmig gestaltet
   Sich dennoch als viel freundlicher erzeigten
   Als wir Menschen, wo sich solche Sitten
   Selten finden, nein, so gut wie nie.
PROSPERO Ehrbarer Lord, das hast du gut gesagt.
   Denn unter euch sind einige weit ärger
   Als der Teufel.
ALONSO   Nicht genug verwundern
   Kann ich mich ob der Schemen, ihrer Gesten
   Und auch der Musik, mit deren Hilfe
   Sie, wenngleich ohne Zunge, sich beredt
   Verständlich machten.
PROSPERO   Lobt den Tag am Abend.
FRANCISCO Kurios, wie sie verblaßten.
SEBASTIAN   Macht nichts
   Solange nicht der Braten mit verblaßt
   Und uns nur leere Mägen bleiben. Wollt Ihr

Alo. Not I. (Boyes

Gon. Faith Sir, you neede not feare: when wee were
   Who would beleeue that there were Mountayneeres,
   Dew-lapt, like Buls, whose throats had hanging at 'em
   Wallets of flesh? or that there were such men
   Whose heads stood in their brests? which now we finde
   Each putter out of fiue for one, will bring vs
   Good warrant of.

Al. I will stand to, and feede,
   Although my last, no matter, since I feele
   The best is past: brother: my Lord, the Duke,
   Stand too, and doe as we.
     Thunder and Lightning. Enter Ariell (like a Harpey) claps
      his wings vpon the Table, and with a quient deuice the
         Banquet vanishes.

Ar. You are three men of sinne, whom destiny
   That hath to instrument this lower world,
   And what is in't: the neuer surfeited Sea,
   Hath caus'd to belch vp you; and on this Island,
   Where man doth not inhabit, you 'mongst men,
   Being most vnfit to liue: I haue made you mad;
   And euen with such like valour, men hang, and drowne
   Their proper selues: you fooles, I and my fellowes
   Are ministers of Fate, the Elements
   Of whom your swords are temper'd, may as well
   Wound the loud windes, or with bemockt-at-Stabs
   Kill the still closing waters, as diminish
   One dowle that's in my plumbe: My fellow ministers

Gefällig kosten, was es gibt?
ALONSO   Ich nicht.
GONZALO Mein Seel, Sir, seid nur unbesorgt. Als wir
Noch Knaben waren, wer hat da geglaubt
Es gäbe Bergvolk, dem vom Kinn herab
Ein Fleischsack hängt gleich einer Rinderwamme?
Oder Menschen mit Gesichtern vorn
In ihrer Brust? Und heutzutag sagt das
Ein jeder, der auf seine Heimkehr fünf
Zu eins gewettet und gewonnen hat.
ALONSO Ich wage es und esse, sei die Mahlzeit
Auch meine letzte, 's tut nichts, denn ich fühle
Das Beste, es liegt hinter mir. Mein Bruder
Wagt es mit uns.
*Donner und Blitz. Ariel in Gestalt einer Harpye breitet die
Schwingen über dem Tisch aus, und mittels einer versteckten
Vorkehrung verschwindet das Bankett.*
ARIEL Euch drei Sünder hat die Vorbestimmung
Der diese untre Welt und was darin ist
Als Werkzeug dient, dem Allesfresser Meer
Auszuwürgen anbefohlen, und
Auf diese Insel, unbewohnt von Menschen
Denn für ein Leben unter Menschen taugt
Ihr nicht. Ich schlug euch mit der Sinnverwirrung
Die es Männern kühn erscheinen läßt
Sich aufzuhängen oder zu ersäufen.
Ihr Narren! Ich und meinesgleichen sind
Gesandte des Geschicks, die Elemente
Die ihr zu Schwertern glüht, mit ihnen könnt ihr
So gut den lauten Wind erstechen oder
Spottreifen Hiebs die Salzflut schlitzen, die
Schnell geheilte, wie mir meine Schwingen

Are like-invulnerable: if you could hurt,
Your swords are now too massie for your strengths,
And will not be vplifted: But remember
(For that's my businesse to you) that you three
From *Millaine* did supplant good *Prospero*,
Expos'd vnto the Sea (which hath requit it)
Him, and his innocent childe: for which foule deed,
The Powres, delaying (not forgetting) haue
Incens'd the Seas, and Shores; yea, all the Creatures
Against your peace: Thee of thy Sonne, *Alonso*
They haue bereft; and doe pronounce by me
Lingring perdition (worse then any death
Can be at once) shall step, by step attend
You, and your wayes, whose wraths to guard you from,
Which here, in this most desolate Isle, else fals
Vpon your heads, is nothing but hearts-sorrow,
And a cleere life ensuing.

He vanishes in Thunder: then (to soft Musicke.) Enter the shapes againe, and daunce (with mockes and mowes) and carrying out the Table.

Pro. Brauely the figure of this *Harpie*, hast thou
Perform'd (my *Ariell*) a grace it had deuouring:
Of my Instruction, hast thou nothing bated
In what thou had'st to say: so with good life,
And obseruation strange, my meaner ministers
Their seuerall kindes haue done: my high charmes work,

Stutzen nur um eine Daune. Mir gleich
Sind meine Helfershelfer unzerstörbar:
Und könntet ihr uns schaden, würde euch
Das Schwert zu schwer, um es zu heben. Aber
Erinnert euch (denn das ist mein Geschäft
An euch), aus Mailand habt ihr drei den guten
Prospero verstoßen, setztet auf
Dem Meer ihn aus, das es euch nun gelohnt hat
Ihn samt seinem unschuldigen Kind:
Dieser Schandtat wegen hat nunmehr
Die Allmacht, wägend, aber nie vergessend
Meer und Land, ja alle Kreatur
Gegen euren Frieden aufgehetzt.
Dir, Alonso, raubten sie den Sohn
Und künden euch durch mich: euch wird
Und eure Wege schleichendes Verderben
Schlimmer als ein jäher Tod je sein kann
Schritt für Schritt verfolgen. Nichts kann euch
Vor ihrem Zorn behüten, der ansonsten
Hier, auf diesem menschenfernen Eiland
Über euren Köpfen sich entlädt
Als ein Herz voll Reue und in Zukunft
Ein anständiges Leben.

Er verschwindet unter Donnergetöse; dann erscheinen zu leiser
Musik die Schatten wieder und tanzen, mit Spottgebärden und
Grimassen, und tragen den Tisch ab.

PROSPERO Als Harpye warst du groß, mein Ariel
Von schauerlicher Anmut. Wort für Wort
Sprachst du, was ich dir auftrug; gleich gekonnt
Nahmen meine mindern Geister sich
Und mit seltner Kunst nach ihrer Art
Der Sache an. Mein hoher Zauber wirkt

> And these (mine enemies) are all knit vp
> In their distractions: they now are in my powre;
> And in these fits, I leaue them, while I visit
> Yong *Ferdinand* (whom they suppose is droun'd)
> And his, and mine lou'd darling.

Gon. I'th name of something holy, Sir, why stand you
   In this strange stare?
Al. O, it is monstrous: monstrous:
   Me thought the billowes spoke, and told me of it,
   The windes did sing it to me: and the Thunder
   (That deepe and dreadfull Organ-Pipe) pronounc'd
   The name of *Prosper:* it did base my Trespasse,
   Therefore my Sonne i'th Ooze is bedded; and
   I'le seeke him deeper then ere plummet sounded,
   And with him there lye mudded.   *Exit.*

Seb. But one feend at a time,
   Ile fight their Legions ore.
Ant. Ile be thy Second.   *Exeunt.*
Gon. All three of them are desperate: their great guilt
   (Like poyson giuen to worke a great time after)
   Now gins to bite the spirits: I doe beseech you
   (That are of suppler ioynts) follow them swiftly,
   And hinder them from what this extasie
   May now prouoke them to.

Ad. Follow, I pray you.   *Exeunt omnes.*

Und meine Feinde hält Verstörung mir
In Schach: sie sind in meiner Macht. Und ich
Ich lasse sie ihrer Furcht und eile
Den Junker zu erlösen, Ferdinand
Der, wie sie glauben, einen Seemannstod fand
Und seinen, meinen Liebling.
GONZALO Bei was ganz Heiligem, was steht Ihr, Sir
Und starrt so vor Euch hin?
ALONSO   O, schrecklich, schrecklich!
Mir war, als sprächen rings die Wellen ihn
Der Wind sang ihn mir zu, das Donnergrollen
Der tiefe, schauervolle Orgelton
Formte seinen Namen: Prospero
Er war der Grundbass meiner Übertretung.
Seinetwegen schläft mein Sohn im Schlick
Und tiefer, als ein Lot reicht, such ich ihn
Und leg mich zu ihm in den Schlamm.
SEBASTIAN   Schickt mir
Die Teufel einzeln und ich kill die Hölle.
ANTONIO Ich bin dein Sekundant.
GONZALO   Sie sind verzweifelt
Alle drei: die übergroße Schuld
Wie Gift, das Zeit benötigt, um zu wirken
Beißt endlich ihr Gewissen. Ich ersuch Euch
Folgt, mit euren jüngeren Gelenken
Ihnen rasch und hindert sie an dem
Was die Erregung ihnen eingibt.
ADRIAN   Folgen wir.

Actus Quartus. Scena Prima.

Enter Prospero, Ferdinand, and Miranda.

Pro. If I haue too austerely punish'd you,
  Your compensation makes amends, for I
  Haue giuen you here, a third of mine owne life,
  Or that for which I liue: who, once againe
  I tender to thy hand: All thy vexations
  Were but my trials of thy loue, and thou
  Hast strangely stood the test: here, afore heauen
  I ratifie this my rich guift: O *Ferdinand*,
  Doe not smile at me, that I boast her of,
  For thou shalt finde she will out-strip all praise
  And make it halt, behinde her.

Fer. I doe beleeue it
  Against an Oracle.
Pro. Then, as my guest, and thine owne acquisition
  Worthily purchas'd, take my daughter: But
  If thou do'st breake her Virgin-knot, before
  All sanctimonious ceremonies may
  With full and holy right, be ministred,
  No sweet aspersion shall the heauens let fall
  To make this contract grow; but barraine hate,
  Sower-ey'd disdaine, and discord shall bestrew
  The vnion of your bed, with weedes so loathly
  That you shall hate it both: Therefore take heede,
  As Hymens Lamps shall light you.

IV. Akt 1. Szene

Prospero, Ferdinand, Miranda

PROSPERO Habe ich Euch allzu hart geprüft
So macht das Euer Werklohn wieder gut
Denn den Dritteil meines Lebens gab ich Euch
Den Teil, um dessentwillen ich es lebe
Ihn lege ich nunmehr in deine Hand.
Deine Plagen waren nichts als meine
Probe deiner Liebe, und du hast
Die Prüfung mehr als brav bestanden.
Im Angesicht des Himmels siegle ich
Diese meine überreiche Schenkung.
O Ferdinand, nicht lächeln über mich
Weil ich mit ihr prahle: du wirst finden
Daß sie allen Lobpreis überflügelt
Und nach ihn hinken läßt.
FERDINAND   Das glaubte ich
Selbst dann, wenn ein Orakel es bestritte.
PROSPERO Als meine Gabe wie als dein Erwerbnis
Erhältst du meine Tochter. Löst du aber
Den Knoten ihrer Jungfernschaft, noch eh sich
All die frommen Feiern und Gebräuche
In heiliger Zeremonie vollzogen
Dann wird kein süßer Himmelstau den Bund
Euch reifen lassen: unfruchtbarer Haß
Scheeläugige Verachtung und Entzweiung
Werden euch das Hochzeitsbett bestreuen
Mit so üblem Unkraut, daß ihr beide
Es scheuen sollt. Darum lenkt eure Schritte
Wohin euch Hymens Fackel weist.

Fer. As I hope
   For quiet dayes, faire Issue, and long life,
   With such loue, as 'tis now the murkiest den,
   The most opportune place, the strongst suggestion,
   Our worser *Genius* can, shall neuer melt
   Mine honor into lust, to take away
   The edge of that dayes celebration,
   When I shall thinke, or *Phœbus* Steeds are founderd,
   Or Night kept chain'd below.

Pro. Fairely spoke;
   Sit then, and talke with her, she is thine owne;
   What Ariell; my industrious seruant Ariell.   *Enter Ariell.*
Ar. What would my potent master? here I am.
Pro. Thou, and thy meaner fellowes, your last seruice
   Did worthily performe: and I must vse you
   In such another tricke: goe bring the rabble
   (Ore whom I giue thee powre) here, to this place:
   Incite them to quicke motion, for I must
   Bestow vpon the eyes of this yong couple
   Some vanity of mine Art: it is my promise,
   And they expect it from me.
Ar. Presently?
Pro. I: with a twincke.
Ar. Before you can say come, and goe,
   And breathe twice; and cry, so, so:
   Each one tripping on his Toe,
   Will be here with mop, and mowe.
   Doe you loue me Master? no?
Pro. Dearely, my delicate *Ariell*: doe not approach
   Till thou do'st heare me call.
Ar. Well: I conceiue.   *Exit.*

FERDINAND   So wahr ich
   Auf stille Tage hoffe, Nachwuchs, langes Leben
   In Liebe ungeschmält: kein Schummerwinkel
   Kein gelegnes Stündchen, keine Lockung
   Dessen, der uns schlimm sein läßt, wird je
   Den Anstand mir zu Lüsternheit zerschmelzen
   Und mir den Glanz von jenem Festtag wischen
   An dem ich denken will, entweder lahmen
   Die Phœbusgäule oder 's liegt die Nacht
   In Ketten fest.
PROSPERO   Sehr gut gesagt. Dann setz dich
   Und sprich zu ihr: sie ist die deine. Ariel!
   Du mein arbeitsamster Geist! He, Ariel!
ARIEL Mein großer Meister wünscht? Hier bin ich ja.
PROSPERO Du und deine kleinen Mindergeister
   Ihr habt den letzten Dienst perfekt versehen
   Für solch ein Kunststück brauch ich euch noch einmal
   Geh, hol den Haufen, über den ich dich
   Setzte, her, treib ihn zur Eile an:
   Ich muß den Augen dieses jungen Paares
   Ein Beispiel meiner Kunst vorgaukeln
   Das versprach ich, und sie rechnen drauf.
ARIEL   Jetzt sofort?
PROSPERO In diesem Augenblick.
ARIEL Eh's Euch an Geduld gebricht
   Ihr zweimal schreit: Tu deine Pflicht
   Naht auf Zeh'n sich jeder Wicht
   Schneidet Euch das Wunschgesicht.
   Liebst du mich, mein Meister? Nicht?
PROSPERO Von Herzen, mein drolliger Ariel. Nur warte
   Bis du mich rufen hörst.
ARIEL   Aha, verstanden.

Pro. Looke thou be true: doe not giue dalliance
　　Too much the raigne: the strongest oathes, are straw
　　To th'fire ith' blood: be more abstenious,
　　Or else good night your vow.

Fer. I warrant you, Sir,
　　The white cold virgin Snow, vpon my heart
　　Abates the ardour of my Liuer.
Pro. Well.
　　Now come my *Ariell*, bring a Corolary,   *Soft musick.*
　　Rather then want a Spirit; appear, & pertly.   *Enter Iris.*
　　No tongue: all eyes: be silent.

Ir. Ceres, most bounteous Lady, thy rich Leas
　　Of Wheate, Rye, Barley, Fetches, Oates and Pease;
　　Thy Turphie-Mountaines, where liue nibling Sheepe,
　　And flat Medes thetchd with Stouer, them to keepe:
　　Thy bankes with pioned, and twilled brims
　　Which spungie *Aprill*, at thy hest betrims;
　　To make cold Nymphes chast crownes; & thy broome-
　　Whose shadow the dismissed Batchelor loues, (groues;
　　Being lasse-lorne: thy pole-clipt vineyard,
　　And thy Sea-marge stirrile, and rockey-hard,
　　Where thou thy selfe do'st ayre, the Queene o'th Skie,
　　Whose watry Arch, and messenger, am I.
　　Bids thee leaue these, & with her soueraigne grace, *Iuno*
　　Here on this grasse-plot, in this very place *descends.*
　　To come, and sport: here Peacocks flye amaine:
　　Approach, rich *Ceres*, her to entertaine.   *Enter Ceres.*

PROSPERO Du halte Wort; laß dem Verlangen nicht
  Die Zügel schießen: ist das Blut entflammt
  Sind auch die stärksten Schwüre Stroh.
  Halte dich noch mehr zurück, denn sonst
  Heißts: Gute Nacht, mein Eid.
FERDINAND   Versprochen, Sir.
  Weiß, kühl und keusch liegt Schnee auf meinem Herzen
  Und dämpft die Glut der Leber.
PROSPERO Ich wills glauben.
  Nun komm, mein Ariel! Damit kein Geist
  Uns fehle, bring den ganzen Schwarm. Ihr Zungen
  Schweigt! Ihr Augen, öffnet euch! Und Stille.
                    Iris.
IRIS Ceres, große Geberin
  Über deine Felder hin
  Wo die Ähren golden wogen
  Von den Hügeln komm gezogen
  Von den Matten, grünen Hängen
  Wo sich Schafe grasend drängen
  Von Uferbänken komm herbei
  Die dir mit Blüten schmückt der Mai
  Draus Wassernymphen Kränze winden
  Verlaß die Wälder, Tröstung finden
  Die verschmäht Verliebten dort
  Den Weinberg laß und auch den Ort
  Am kargen Kieselstrand, an dem
  Du Seeluft atmest. Sehr genehm
  Wär es der hohen Himmelskönigin
  Der ich die bunte Botin bin
  Dich hier auf diesem Rasenstück zu sehen
  Um mit dir eine Feier zu begehen.
  Ich höre ihre Pfauenkutsche rauschen

Cer. Haile, many-coloured Messenger, that nere
  Do'st disobey the wife of *Iupiter:*
  Who, with thy saffron wings, vpon my flowres
  Diffusest hony drops, refreshing showres,
  And with each end of thy blew bowe do'st crowne
  My boskie acres, and my vnshrubd downe,
  Rich scarph to my proud earth: why hath thy Queene
  Summond me hither, to this short gras'd Greene?
Ir. A contract of true Loue, to celebrate,
  And some donation freely to estate
  On the bles'd Louers.
Cer. Tell me heauenly Bowe,
  If *Venus* or her Sonne, as thou do'st know,
  Doe now attend the Queene? since they did plot
  The meanes, that duskie *Dis*, my daughter got,
  Her, and her blind-Boyes scandald company,
  I haue forsworne.
Ir. Of her societie
  Be not afraid: I met her deitie
  Cutting the clouds towards *Paphos*: and her Son
  Doue-drawn with her: here thought they to haue done
  Some wanton charme, vpon this Man and Maide,
  Whose vowes are, that no bed-right shall be paid
  Till *Hymens* Torch be lighted: but in vaine,
  Marses hot Minion is returnd againe,
  Her waspish headed sonne, has broke his arrowes,
  Swears he will shoote no more, but play with Sparrows,
  And be a Boy right out.
Cer. Highest Queene of State,
  Great *Iuno* comes, I know her by her gate.
Iu. How do's my bounteous sister? goe with me

Zeig, große Ceres, dich, um ihr zu lauschen.
CERES Heil dir, vielfarb'ge Heroldin
In Junos Dienst, der Herrscherin!
Von Safranflügeln taust du Honigtropfen
Belebend mir auf Korn und wilden Hopfen
Dein Friedensbogen schlingt sein Band
Mir um beackertes wie wüstes Land.
Du Stirnschmuck meiner stolzen Erde, sprich
Warum ruft Juno auf den Grasfleck mich?
IRIS Um einen Liebesbund zu segnen
Und dem Brautpaar freundlich zu begegnen
Mit einer Gabe.
CERES   Sag mir, Himmelsbogen
Kommt Venus mit der Königin geflogen
Zusamt dem Sohn? Denn seit durch ihre List
Meine Tochter die Gefangne ist
Des düstren Pluto, bin ich ihr
Gram und ihrem Sproß.
IRIS   Du triffst sie hier
Nicht an: sie flogen just erzürnt an mir
Vorbei im Taubenwagen. 's war ihr Plan
Mit schwülem Zauber hier dem Paar zu nahn
Damit es seine Eide bricht
Und sein Bettrecht ausübt, eh das Licht
Des Hochzeitsgotts entzündet wird
Doch des Kriegsgotts Buhlin schied verwirrt
Ihr Blag warf seine Augenbinde fort
Und schießt auf Spatzen, wies ein Sport
Von allen Jungen ist.
CERES   Die hohe Juno naht
Willkommen, Königin im Himmelsstaat.
JUNO Wie geht es dir, du Herrscherin der Erde?

To blesse this twaine, that they may prosperous be,
And honourd in their Issue. *They Sing.*

Iu. Honor, riches, marriage, blessing,
   Long continuance, and encreasing,
   Hourely ioyes, be still vpon you,
   Iuno sings her blessings on you.
   Earths increase, foyzon plentie,
   Barnes, and Garners, neuer empty.
   Vines, with clustring bunches growing,
   Plants, with goodly burthen bowing:
   Spring come to you at the farthest,
   In the very end of Haruest.
   Scarcity and want shall shun you,
   Ceres *blessing so is on you.*

Fer. This is a most maiesticke vision, and
   Harmonious charmingly: may I be bold
   To thinke these spirits?
Pro. Spirits, which by mine Art
   I haue from their confines call'd to enact
   My present fancies.
Fer. Let me liue here euer,
   So rare a wondred Father, and a wise
   Makes this place Paradise.
Pro. Sweet now, silence:
   Iuno and *Ceres* whisper seriously,
   There's something else to doe: hush, and be mute
   Or else our spell is mar'd.

   Iuno and Ceres whisper, and send Iris on employment.

Iris. You Nimphs cald *Nayades* of ye windring brooks,
   With your sedg'd crownes, and euer-harmelesse lookes,
   Leaue your crispe channels, and on this green-Land
   Answere your summons, *Iuno* do's command.

Segnen wir das Paar, auf daß es glücklich werde
Und mit ihm Kind und Kindeskinder. *Sie singen*
  Ehre, Reichtum, Ehefrieden
  Höchstes Glück sei euch beschieden
  Stund um Stunde frohes Regen
  Juno singt euch ihren Segen.
CERES *Stetes Wachsen ringsumher*
  Scheuern, Speicher niemals leer
  Reben, schwer von Trauben hängend
  Zweige, Frucht an Frucht sich drängend
  Und nach eurem Ernteglück
  Kehre Frühling schnell zurück
  Armut, Mangel bleibe fern
  Ceres gibt den Segen gern.
FERDINAND Erhaben, die Vision, voll zauberischer
Harmonie. Ich darf so tollkühn sein
Und sie für Geister halten?
PROSPERO   Geister, die ich
Kunstvoll heraufrief, uns hier vorzustellen
Was mich bewegt.
FERDINAND   Hier will ich immer bleiben
Solch rarer Wundervater, solch ein weiser
Zum Garten Eden macht er diese Insel.
  Juno und Ceres flüstern und erteilen Iris einen Auftrag.
[MIRANDA] Still, Liebster. Juno und Ceres flüstern ernsthaft
miteinander. Es gibt noch etwas zu tun. Wir müssen
stumm sein, sonst verderben wir das Zauberspiel.

IRIS *Ihr Nymphen, Najaden aus Grotten und Flüssen*
  Schilfgekrönt naht, unser Paar zu begrüssen
  Verlaßt eure Höhlen, kommt schnell her aufs Grün
  Juno befiehlts euch, scheut keine Mühn

Come temperate *Nimphes*, and helpe to celebrate
A Contract of true Loue: be not too late.
Enter Certaine Nimphes.
You Sun-burn'd Sicklemen of August weary,
Come hether from the furrow, and be merry,
Make holly day: your Rye-straw hats put on,
And these fresh Nimphes encounter euery one
In Country footing.

Enter certaine Reapers (properly habited:) they ioyne with the Nimphes, in a gracefull dance, towards the end whereof, Prospero starts sodainly and speakes, after which to a strange hollow and confused noyse, they heauily vanish.

Pro. I had forgot that foule conspiracy
  Of the beast *Calliban*, and his confederates
  Against my life: the minute of their plot
  Is almost come: Well done, auoid: no more.

Fer. This is strange: your fathers in some passion
  That workes him strongly.
Mir. Neuer till this day
  Saw I him touch'd with anger, so distemper'd.
Pro. You doe looke (my son) in a mou'd sort,
  As if you were dismaid: be cheerefull Sir,
  Our Reuels now are ended: These our actors,
  (As I foretold you) were all Spirits, and
  Are melted into Ayre, into thin Ayre,
  And like the baselesse fabricke of this vision
  The Clowd-capt Towres, the gorgeous Pallaces,
  The solemne Temples, the great Globe it selfe,
  Yea, all which it inherit, shall dissolue,
  And like this insubstantiall Pageant faded

Eilt euch, den Liebesbund mitzufeiern
Und ein Tänzchen beizusteuern.
    Nymphen erscheinen.
Ihr sonnbraunen Schnitter, erschöpft vom August
Verlaßt eure Felder und teilt unsre Lust
Den Strohhut setzt ab, die Arbeit laßt ruhn
Ein jeder wählt eine Nymphe, und nun
Ein ländlicher Tanz.
    Eine Gruppe Feldarbeiter tritt auf in ländlichem Kostüm.
  Sie schließen sich den Nymphen an zu einem anmutigen Tanz.
  Gegen Ende desselben erhebt Prospero sich plötzlich und spricht;
    worauf die Erscheinungen mit seltsamem, dumpfem und
        verworrenem Lärm verschwinden.

PROSPERO Verschworen hat sich Caliban, das Vieh,
  Mit seinen Spießgesellen, mich zu töten
  Und ich bin kurz davor, das zu vergessen!
  Die Zeit des Anschlags ist gekommen. Sehr gut!
  Doch jetzt genug! Nicht weiter. Schluß!
FERDINAND   Merkwürdig.
  Dein Vater scheint verärgert.
MIRANDA   Niemals noch
  Sah ich ihn so verstimmt, so aufgebracht.
PROSPERO Ihr seht mir aus, mein Sohn, als wäret Ihr
  Befremdet und verwirrt: seid fröhlich, Sir.
  Hier endet unser Aufzug. Unsre Spieler
  Waren, wie ich sagte, Geister und
  Schmolzen weg in Luft, in dünne Luft:
  Und nicht nur solche Illusion zerfließt:
  Türme werden, mit den Wolkenhüten
  Prächtige Paläste, ernste Tempel
  Der große Erdball, ja, mitsamt all dem
  Was er behaust, wird restlos so verfliegen

        Leaue not a racke behinde: we are such stuffe
        As dreames are made on; and our little life
        Is rounded with a sleepe: Sir, I am vext,
        Beare with my weakenesse, my old braine is troubled:
        Be not disturb'd with my infirmitie,
        If you be pleas'd, retire into my Cell,
        And there repose, a turne or two, Ile walke
        To still my beating minde.

Fer. Mir. We wish your peace. *Exi*
Pro. Come with a thought; I thank thee *Ariell*: come.
           Enter Ariell.
Ar. Thy thoughts I cleaue to, what's thy pleasure?
Pro. Spirit: We must prepare to meet with *Caliban*.
Ar. I my Commander, when I presented *Ceres*
    I thought to haue told thee of it, but I fear'd
    Least I might anger thee.
Pro. Say again, where didst thou leaue these varlots?
Ar. I told you Sir, they were red-hot with drinking,
    So full of valour, that they smote the ayre
    For breathing in their faces: beate the ground
    For kissing of their feete; yet alwaies bending
    Towards their proiect: then I beate my Tabor,
    At which like vnback't colts they prickt their eares,
    Aduanc'd their eye-lids, lifted vp their noses
    As they smelt musicke, so I charm'd their eares
    That Calfe-like, they my lowing follow'd, through
    Tooth'd briars, sharpe firzes, pricking gosse, & thorns,
    Which entred their fraile shins: at last I left them

Wie dieses körperlose Schaustück schwand.
Wir sind aus solchem Zeug wie unsre Träume
Und unser kleines Sein umschließt ein Schlaf.
Ich bin nicht bei mir, Sir, seht mir die Schwachheit
Nach, mein greiser Kopf ist überschwer
Stört Euch an dem, was ich hier fasle, nicht:
Sofern es Euch beliebt, zieht Euch zurück
In mein Haus im Fels und ruht dort aus.
Ich will ein wenig gehen, meine Pulse
Zu besänftigen.
FERDINAND   Wir wünschen Frieden.
PROSPERO Komm, Ariel, schnell wie gedacht. Habt Dank.
Komm, Ariel.
ARIEL   Noch eh dus denkst. Was wünschst du?
PROSPERO Geist, uns gegen Caliban zu rüsten.
ARIEL Ja, General. Als ich die Ceres formte
Gedacht ich, dirs zu sagen, ließ es aber
Weil ich befürchtete, dich zu verärgern.
PROSPERO Wohin hast du die Bande expediert?
ARIEL Wie gesagt, Sir, glühend rot vom Saufen
Verdroschen sie die Luft, weil die sie anblies
Und hieben auf den Boden, weil der ihnen
Die Sohlen drückte: blieben aber immer
Schön bei ihrem Plan. Ich schlug die Trommel
Da stellten sie wie ungerittne Fohlen
Ihre Ohren, glotzten, hoben ihre Nasen
Als wären Töne riechbar: ich behexte
Ihr Gehör derart, daß sie wie Kälber
Meinem Gemuhe folgten, durch gezackte
Ranken, spitze Disteln, Stachelginster
Dornen, die sie in die Waden piekten
Die mageren; und schließlich ließ ich sie

> I'th' filthy mantled poole beyond your Cell,
> There dancing vp to th'chins, that the fowle Lake
> Ore-stunck their feet.
> *Pro.* This was well done (my bird)
> Thy shape inuisible retaine thou still:
> The trumpery in my house, goe bring it hither
> For stale to catch these theeues.   *Ar.* I go, I goe. *Exit.*

> *Pro.* A Deuill, a borne-Deuill, on whose nature
> Nurture can neuer sticke: on whom my paines
> Humanely taken, all, all lost, quite lost,
> And, as with age, his body ouglier growes,
> So his minde cankers: I will plague them all,
> Euen to roaring: Come, hang on them this line.

> > *Enter Ariell, loaden with glistering apparell, &c. Enter*
> > *Caliban, Stephano, and Trinculo, all wet.*

> *Cal.* Pray you tread softly, that the blinde Mole may
> not heare a foot fall: we now are neere his Cell.

> *St.* Monster, your Fairy, w^c you say is a harmles Fairy,
> Has done little better then plaid the Iacke with vs.
> *Trin.* Monster, I do smell all horse-pisse, at which
> My nose is in great indignation.
> *Ste.* So is mine. Do you heare Monster: If I should
> Take a displeasure against you: Looke you.
> *Trin.* Thou wert but a lost Monster.
> *Cal.* Good my Lord, giue me thy fauour stil,
> Be patient, for the prize Ile bring thee too
> Shall hudwinke this mischance: therefore speake softly,

> Zurück in dem Abort bei Eurem Felshaus
> Wo sie jetzt tanzen, bis zum Kinn in Jauche
> Die selbst ihre Füße überstinkt.

PROSPERO Das hast Du fein gemacht, mein Vögelchen.
> Einstweilen bleibst du unsichtbar. Geh, sammle
> Im Haus den Flitterkram, und bring ihn her
> Als Köder, der uns Diebe fängt.

ARIEL   Schon lauf ich.

PROSPERO Ein Satan, ein geborner Satan, dem
> Kein Wissen je das Höllenwesen austreibt
> All mein Bemühen, ihn zu einem Menschen
> Zu erziehen, alles, alles, alles
> Für nichts und wieder nichts. Und so
> Wie ihm das Alter seinen Leib verbeult
> Zerfrißt es seine Seele. Strafen will ich
> Bis sie brüllen.

Ariel, beladen mit glitzernden Theaterkostümen
> Komm, häng das auf die Leine.

Caliban, Stephano, Trinculo, alle naß

CALIBAN Bitte, bitte, tretet so leise auf, daß auch der blindeste Maulwurf den Schritt nicht hört: wir sind direkt vor seiner Höhle.

STEPHANO Monster, dein Elf, von dem du sagst, er sei 'n harmloser Elf, der hat uns schwer verarscht.

TRINCULO Monster, meine Nase riecht nix als Pferdepisse, worüber sie doll empört ist.

STEPHANO So die meine. Hör zu, Monster: wenn ich Mißgefallen an dir finde, sieh dich vor.

TRINCULO Denn bisdu aber ganz fix 'n ausgestorbnes Monster.

CALIBAN Hoher Herr, gewähr mir noch ein Weilchen deine Gunst, sei nur geduldig, die Belohnung, die ich dir verschaffe, schließt dem Mißgeschick die Augen: drum sprecht

All's husht as midnight yet.
Trin. I, but to loose our bottles in the Poole.

Ste. There is not onely disgrace and dishonor in that
    Monster, but an infinite losse.
Tr. That's more to me then my wetting:
    Yet this is your harmlesse Fairy, Monster.
Ste. I will fetch off my bottle,
    Though I be o're eares for my labour.
Cal. Pre-thee (my King) be quiet. Seest thou heere
    This is the mouth o'th Cell: no noise, and enter:
    Do that good mischeefe, which may make this Island
    Thine owne for euer, and I thy *Caliban*
    For aye thy foot-licker.
Ste. Giue me thy hand,
    I do begin to haue bloody thoughts.
Trin. O King *Stephano*, O Peere: O worthy *Stephano*,
    Looke what a wardrobe heere is for thee.
Cal. Let it alone thou foole, it is but trash.
Tri. Oh, ho, Monster: wee know what belongs to a
    frippery, O King *Stephano*.
Ste. Put off that gowne (*Trinculo*) by this hand Ile
    haue that gowne.
Tri. Thy grace shall haue it.
Cal. The dropsie drowne this foole, what doe you meane
    To doate thus on such luggage? let's alone
    And doe the murther first: if he awake,
    From toe to crowne hee'l fill our skins with pinches,
    Make vs strange stuffe.
Ste. Be you quiet (Monster) Mistris line, is not this
    my Ierkin? now is the Ierkin vnder the line: now Ier-
    kin you are like to lose your haire, & proue a bald Ierkin.

leise. Alles noch still, als wärs Mitternacht.
TRINCULO Schon recht, aber unsere Buddel in dem Tümpel zu verliern –
STEPHANO Das is nich bloß eine Schmach und eine Schande, das isn überhaupt garnich gutmachbares Manko.
TRINCULO Das nimmt mich mehr mit als meine Nässung: und der soll harmlos sein, dein Elf da, Monster!?
STEPHANO Ich hol mir meine Buddel wieder, und müßt ich auch bis zun Ohrn da rein.
CALIBAN Ich flehe dich, mein König, siehst du, da, das ist das Höhlenmaul: lautlos da rein. Tu die gute Übeltat, die diese Insel zu der deinen macht auf ewig, und mich, deinen treuen Caliban, zum lebenslangen Lecker deiner Füße.
Stephano Deine Hand. Mir kommen so Blutgedanken.

TRINCULO O König Stephano! Durchlauchtigter! O großer Stephano! Sieh doch, welche Robe hier auf dich wartet.
CALIBAN Faß sie nicht an, du Narr: das ist bloß Müll.
TRINCULO Oho, du Monster, das wissen wir besser, was Altkleider sind. O König Stephano!
STEPHANO Zieh das aus, Trinculo. Bei dieser Faust, das will ich anziehn.
TRINCULO Es ist deiner Gnaden seins.
CALIBAN Die Wassersucht ersäufe diese Narren! Was fällt euch ein, euch in solchen Plunder zu vergaffen? Laßt die Finger davon, und hakt erst den Mord ab: wacht er nämlich auf, zersticht er uns die Haut vom Zeh bis zu den Haarspitzen, und dann sehn wir erst gediegen aus.
STEPHANO Du hältst die Klappe, Monster. Na, Frau Leine, steht mir das Wams? Das Wams hing an Ihnen, Frau Leine, und also, Wams, steht dir bald nix mehr, dir falln

Trin. Doe, doe; we steale by lyne and leuell, and't
like your grace.

Ste. I thank thee for that iest; heer's a garment for't:
Wit shall not goe vn-rewarded while I am King of this
Country: Steale by line and leuell, is an excellent passe
of pate: there's another garment for't.

Tri. Monster, come put some Lime vpon your fin-
gers, and away with the rest.
Cal. I will haue none on't: we shall loose our time,
And all be turn'd to Barnacles, or to Apes
With foreheads villanous low.
Ste. Monster, lay to your fingers: helpe to beare this
away, where my hogshead of wine is, or Ile turne you
out of my kingdome: goe to, carry this.
Tri. And this.
Ste. I, and this.
  A noyse of Hunters heard. Enter diuers Spirits in shape
    of Dogs and Hounds, hunting them about: Prospero
        and Ariel setting them on.
Pro. Hey *Mountaine*, hey.
Ari. Siluer: there it goes, *Siluer.*
Pro. Fury, Fury: there Tyrant, there: harke, harke.
Goe, charge my Goblins that they grinde their ioynts
With dry Convultions, shorten vp their sinewes
With aged Cramps, & more pinch-spotted make them,
Then Pard, or Cat o' Mountaine.

Ari. Harke, they rore.
Pro. Let them be hunted soundly: At this houre

die Fäden aus und du wirstn Kahlwams.
TRINCULO Sehr gut! Wir lassen erst das Zeuch von der Leine, und denn, wenns deiner Gnaden recht ist, ziehn wir Leine.
STEPHANO Ich dank dir für den Scherz; hier hast du noch Zeug: kein Scherzkeks soll mir ohne Zeug gehn, so wahr ich der König bin dieses Landes. „Erst Leine lassen und dann Leine ziehn", das isn echter Geistesblitz. Hier haste mehr Zeug.
TRINCULO Monster, komm her, tu Leim an die Finger und weg mit dem Rest.
CALIBAN Ich will das nicht. Uns läuft die Zeit weg und wir werden alle in Seepocken verwandelt oder in Affen mit dämlichen Flachstirnen.
STEPHANO Monster, leg Hand an: hilf das hintragen wo mein Trumm von Weinfaß liegt oder ich verbanne dich aus meinem Königreich: mach schon, trag das.
TRINCULO Und das.
STEPHANO Ja, und das.

Geräusche einer Jagd. Geister in Gestalt von Hunden erscheinen und jagen sie; Prospero und Ariel treiben sie an.

PROSPERO Faß, Ajax, faß!
ARIEL Audax, da rennt er! Audax!
PROSPERO Iras, Iras! Tyrann, da! Faß! Faß!
Trag meinen Alben auf, die Glieder ihnen
Mit Stichen zu zerreißen, ihre Sehnen
Mit Alterskrämpfen zu verkürzen und sie
Noch fleckiger zu zwicken, als es Luchs
Und Pardel sind.
ARIEL   Hörst du, wie sie schreien?
PROSPERO Jagt sie gnadenlos. Es ist die Stunde

Lies at my mercy all mine enemies:
Shortly shall all my labours end, and thou
Shalt haue the ayre at freedome: for a little
Follow, and doe me seruice.   *Exeunt.*

Actus quintus: Scœna Prima.

Enter Prospero (in his Magicke robes) and Ariel.

Pro. Now do's my Proiect gather to a head:
   My charmes cracke not: my Spirits obey, and Time
   Goes vpright with his carriage: how's the day?

Ar. On the sixt hower, at which time, my Lord
   You said our worke should cease.

Pro. I did say so,
   When first I rais'd the Tempest: say my Spirit,
   How fares the King, and's followers?
Ar. Confin'd together
   In the same fashion, as you gaue in charge,
   Iust as you left them; all prisoners Sir
   In the *Line-groue* which weather-fends your Cell,
   They cannot boudge till your release: The King,
   His Brother, and yours, abide all three distracted,
   And the remainder mourning ouer them,
   Brim full of sorrow, and dismay: but chiefly
   Him that you term'd Sir, the good old Lord *Gonzallo*,
   His teares runs downe his beard like winters drops
   From eaues of reeds: your charm so strongly works 'em
   That if you now beheld them, your affections
   Would become tender.

Die mir Gewalt gibt über meine Feinde:
Bald endet mein Exil, und du bist dann
Wie die Luft so frei: ein letztes Mal noch
Folge mir und diene.

V. Akt 1. Szene

PROSPERO Mein Projekt ist reif. Die Macht des Buchs
　Ist ungebrochen, fügsam sind die Geister
　Und aufrecht geht die Zeit trotz ihrer Last.
　Der Tag ist wie alt?
ARIEL　　　　　　Knapp sechs Stunden, Sir
　Ihr spracht, zu diesem Zeitpunkt sei die Arbeit
　So gut als wie getan.
PROSPERO　　　　　Das sagte ich
　Als ich den Sturm losließ. Du sag mir, Geistlein
　Wie steht es um den König und Gefolge?
ARIEL Durch die Bank gebannt, in der Manier
　Die Ihr zum Schluß für sie in Auftrag gabt
　Bewacht, Sir, alle, von den greisen Linden
　Die Euer Felshaus vor Schlechtwetter schirmen.
　Erlöst nicht Ihr sie, können sie nicht weg.
　Der König und sein Bruder und der Eure
　Stecken alle drei in ihrem Wahn fest
　Bejammert von dem Rest, der überquillt
　Von Schreck und Mitgefühl; vor allem der
　Den Ihr den braven Lord Gonzalo nennt, Sir
　Dem tropfen Tränen aus dem Bart wie Schnee
　Vom Schilfdach. Euer Zauber beutelt
　Sie so heftig, daß Ihr, säht Ihr sie

Pro. Dost thou thinke so, Spirit?
Ar. Mine would, Sir, were I humane.
Pro. And mine shall.
   Hast thou (which art but aire) a touch, a feeling
   Of their afflictions, and shall not my selfe,
   One of their kinde, that rellish all as sharpely,
   Passion as they, be kindlier mou'd then thou art?
   Thogh with their high wrongs I am strook to th'quick,
   Yet, with my nobler reason, gainst my furie
   Doe I take part: the rarer Action is
   In vertue, then in vengeance: they, being penitent,
   The sole drift of my purpose doth extend
   Not a frowne further: Goe, release them *Ariell*,
   My Charmes Ile breake, their sences Ile restore,
   And they shall be themselues.

Ar. Ile fetch them, Sir.   *Exit.*
Pro. Ye Elues of hils, brooks, standing lakes & groues,
   And ye, that on the sands with printlesse foote
   Doe chase the ebbing-*Neptune*, and doe flie him
   When he comes backe: you demy-Puppets, that
   By Moone-shine doe the greene sowre Ringlets make,
   Whereof the Ewe not bites: and you, whose pastime
   Is to make midnight-Mushrumps, that reioyce
   To heare the solemne Curfewe, by whose ayde
   (Weake Masters though ye be) I haue bedymn'd
   The Noone-tide Sun, call'd forth the mutenous windes,
   And twixt the greene Sea, and the azur'd vault
   Set roaring warre: To the dread ratling Thunder
   Haue I giuen fire, and rifted *Ioues* stowt Oke
   With his owne Bolt: The strong bass'd promontorie

Erbarmen fühlen würdet.
PROSPERO   Meinst du, Geistlein?
ARIEL Wär ich Mensch, ich würd es.
PROSPERO   Und ich werd es.
  Du, der du nur Luft bist, du spürst Rührung
  Ob ihres Elends, und ich selbst bin ihresgleichen
  Und empfinde Schmerz so scharf wie sie
  Und sollte nicht betroffner sein als du?
  Traf mich ihr Übeltun auch bis ins Mark
  Ergreife ich im Krieg der bessren Einsicht
  Mit meiner Rachsucht die Partei der erstren:
  Versöhnung zeugt von Größe, nicht Vergeltung.
  Reuig sie zu sehen, soweit ging
  Mein Planen, keine Zornesfalte weiter.
  Ariel, befrei sie: meinen Zauber
  Löse ich, Ihren Sinn gesunde ich
  Sie sind sie selbst.
ARIEL   Ich geh sie holen, Sir.
PROSPERO Ihr Feen der Hügel, Flüsse, Teiche, Wälder
  Und ihr, die übern Strand spurlosen Schritts
  Den ebbenden Neptun jagt und ihn flieht
  Kehrt er zurück, ihr Puppenhaften, die ihr
  Im Mondschein saure Ringe in das Gras tanzt
  Wo dann kein Schaf mehr weiden will, und ihr
  Die ihr beim Abendläuten munter werdet
  Und mitternächtlich Pilze setzt in Kreisen
  Seid ihr auch Geister ohne große Macht
  So habe ich mit eurem Beistand dennoch
  Des Mittags Sonnenstrahl geschwärzt, den Aufruhr
  Des Winds entfesselt und das grüne Meer
  Die blaue Himmelsburg bekriegen lassen:
  Feuer fügte ich zum grausen Donner

Haue I made shake, and by the spurs pluckt vp
The Pyne, and Cedar. Graues at my command
Haue wak'd their sleepers, op'd, and let 'em forth
By my so potent Art. But this rough Magicke
I heere abiure: and when I haue requir'd
Some heauenly Musicke (which euen now I do)
To worke mine end vpon their Sences, that
This Ayrie-charme is for, I'le breake my staffe,
Bury it certaine fadomes in the earth,
And deeper then did euer Plummet sound
Ile drowne my booke. *Solemne musicke.*

Heere enters Ariel before: Then Alonso *with a franticke gesture, attended by* Gonzalo. Sebastian *and* Anthonio *in like manner attended by* Adrian *and* Francisco: *They all enter the circle which* Prospero *had made, and there stand charm'd: which* Prospero *obseruing, speakes.*

A solemne Ayre, and the best comforter,
To an vnsetled fancie, Cure thy braines
(Now vselesse) boile within thy skull: there stand
For you are Spell-stopt.
Holy *Gonzallo*, Honourable man,
Mine eyes ev'n sociable to the shew of thine
Fall fellowly drops: The charme dissolues apace,
And as the morning steales vpon the night
(Melting the darkenesse) so their rising sences

Die stolze Eiche Jupiters, ich habe
Sie mit seinem eignen Blitz zerspalten
Grundfeste Vorgebirge brachte ich
Ins Wanken, und an ihren Wurzeln riß ich
Pinie aus und Zeder, Gräber weckten
Auf mein Kommando ihre Schläfer
Öffneten sich und ließen sie hinaus:
All das vermochte meine Kunst. Doch diese
Grobstoffliche Magie, hier sage ich
Mich von ihr los, und wenn ich mir Musik
Des Himmels auserbat, was ich nun tue
Um die Sinne derer, denen dieser
Sanfte Zauber gilt, zu meinem Nutzen
Umzuschaffen, will ich meinen Stab
Zerbrechen, unter manchem Klafter Erde
Ihn begraben, und in tiefren Tiefen
Als sie ein Schiffslot je ermessen hat
Ertränke ich mein Buch.
  Feierliche Musik. Ariel tritt auf, dann Alonso, mit
  Gebärden des Wahnsinns, geleitet von Gonzalo, desgleichen
  Sebastian und Antonio, geführt von Adrian und Francisco:
  sie alle betreten den Kreis, den Prospero gezogen hat, und
  verharren gebannt. Prospero, der sie beobachtet, spricht.
Ernste Musik, der wirkungsvollste Trost
Für die verstörte Seele, heile dir
Den Geist, jetzt sinnlos dir im Schädel siedend!
Da stehst du, denn du bist gebannt.
Höchst würdiger Gonzalo, ehrenwerter Mann
Meine Augen tun es deinen nach
Und gießen Freundesträne aus. Allmählich
Löst der Zauber sich, und wie der Morgen
Die Nacht still überschleicht, ihr Dunkel schmelzend

Begin to chace the ignorant fumes that mantle
Their cleerer reason. O good *Gonzallo*
My true preseruer, and a loyall Sir,
To him thou follow'st; I will pay thy graces
Home both in word, and deede: Most cruelly
Did thou *Alonso*, vse me, and my daughter:
Thy brother was a furtherer in the Act,

Thou art pinch'd for't now *Sebastian*. Flesh, and bloud,
You, brother mine, that entertaine ambition,
Expelld remorse, and nature, whom, with *Sebastian*
(Whose inward pinches therefore are most strong)
Would heere haue kill'd your King: I do forgiue thee,
Vnnaturall though thou art: Their vnderstanding
Begins to swell, and the approching tide
Will shortly fill the reasonable shore
That now ly foule, and muddy: not one of them
That yet lookes on me, or would know me: *Ariell*,

Fetch me the Hat, and Rapier in my Cell,
I will discase me, and my selfe present
As I was sometime *Millaine:* quickly Spirit,
Thou shalt ere long be free.
   Ariell sings, and helps to attire him.
Where the Bee sucks, there suck I,
In a Cowslips bell, I lie,
There I cowch when Owles doe crie,
On the Batts backe I doe flie

So beginnen ihre neu geschärften Sinne
Den geistesstumpfen Nebel zu durchdringen
Der ihre klarere Vernunft umlagert.
O würdiger Gonzalo, mein Erhalter
Und zugleich der treueste Gefolgsmann
Deines Herrn! Vollauf vergelten will ich
Deine Herzensgüte dir mit Wort und Tat.
Besonders grausam hast, Alonso, du
Dich gegen mich gezeigt und meine Tochter:
Sebastian, dein Bruder hat die Tat
Befördert, dafür wirst nun du gepeinigt.
Du, nach Fleisch und Blut mein Bruder, hast
Der Ehrsucht nachgegeben, hast die Stimmen
Der Natur wie des Gewissens unterdrückt
Hast mit Sebastian, dessen innre Qualen
Sich drum noch erheblich steigern, euren
König morden wollen; unnatürlich
Wie ihr seid, vergebe ich euch dennoch.
Ihr Begreifen hebt sich, seine Flut
Kommt, nicht lang, und sie bespült das Ufer
Der Vernunft, das trüb jetzt liegt und schlammig.
Nicht einer unter ihnen, die mich anstarrn
Erkennt mich wieder: Ariel, hol mir
Den Hut und das Rapier aus meinem Felshaus
Ich häute mich und zeige mich als der
Der ich zu Mailand war. So eil dich, Geist
In Kürze bist du frei.

ARIEL *singt und hilft beim Einkleiden*
    Wo die Biene saugt, saug ich
    Im Kelch der Primel kuschle ich
    Schreit zur Nacht der Käuzerich
    Auf Fledermäusen fliege ich

>   *after Sommer merrily.*
>   *Merrily, merrily, shall I liue now,*
>   *Vnder the blossom that hangs on the Bow.*

Pro. Why that's my dainty *Ariell:* I shall misse
   Thee, but yet thou shalt haue freedome: so, so, so.
   To the Kings ship, inuisible as thou art,
   There shalt thou finde the Marriners asleepe
   Vnder the Hatches: the Master and the Boat-swaine
   Being awake, enforce them to this place;
   And presently, I pre'thee.

Ar. I drinke the aire before me, and returne
   Or ere your pulse twice beate.   *Exit.*

Gon. All torment, trouble, wonder, and amazement
   Inhabits heere: some heauenly power guide vs
   Out of this fearefull Country.

Pro. Behold Sir King
   The wronged Duke of *Millaine*, *Prospero*:
   For more assurance that a liuing Prince
   Do's now speake to thee, I embrace thy body,
   And to thee, and thy Company, I bid
   A hearty welcome.

Alo. Where thou bee'st he or no,
   Or some inchanted trifle to abuse me,
   (As late I haue beene) I not know: thy Pulse
   Beats as of flesh, and blood: and since I saw thee,
   Th'affliction of my minde amends, with which
   I feare a madnesse held me: this must craue
   (And if this be at all) a most strange story.

    Dem Sommer nach und freue mich
    Freue mich, freue mich, leb ich doch bald
    Unter blühenden Zweigen im Wald.
PROSPERO Das ist mein lustiger Ariel! Du wirst
    Mir fehlen, gleichwohl sollst du frei sein: So
    So, so. Jetzt unsichtbar zur Brigg des Königs:
    Da findst du unter Deck die Mannschaft noch
    Im Schlaf; den Kapitän sowie den Bootsmann
    Weckst du auf und nötigst sie hierher
    Und das ein bißchen plötzlich, wenn es recht ist.
ARIEL Die Luft, die mir im Weg steht, trinke ich
    Und bin zurück von einem Puls zum nächsten.
GONZALO Beieinander wohnen Pein und Staunen
    Mühsal und Verwundern hier: es möge
    Eine Macht des Himmels uns aus diesem
    Nicht geheuren Land geleiten.
PROSPERO   Vor dir
    Herr König, siehst du den betrognen Herzog
    Von Mailand, Prospero: um dir Gewißheit
    Zu verschaffen, daß ein Fürst, der lebt
    Hier zu dir spricht, umarme ich dich physisch
    Und entbiete dir und deinem Anhang
    Ein herzliches Willkommen.
ALONSO   Ob du er bist
    Oder nicht und nur ein Gaukelbild
    Um mich zu täuschen, wie zuletzt so oft
    Ich weiß es nicht. Das Schlagen deiner Pulse
    Sagt, du bist aus Fleisch und Blut: und seit ich
    Dich erblickte, lindert sich die Trübsal
    In die mich Wahnsinn, muß ich fürchten, einschloß:
    Das läßt – wenn es denn ist, wies scheint – auf einen
    Höchst sonderbaren Hergang schließen. Dein

Thy Dukedome I resigne, and doe entreat
Thou pardon me my wrongs: But how shold *Prospero*
Be liuing, and be heere?

Pro. First, noble Frend,
Let me embrace thine age, whose honor cannot
Be measur'd, or confin'd.
Gonz. Whether this be,
Or be not, I'le not sweare.
Pro. You doe yet taste
Some subtleties o'th'Isle, that will not let you
Beleeue things certaine: Wellcome, my friends all,
But you, my brace of Lords, were I so minded
I heere could plucke his Highnesse frowne vpon you
And iustifie you Traitors: at this time
I will tell no tales.

Seb. The Diuell speakes in him:
Pro. No:
For you (most wicked Sir) whom to call brother
Would euen infect my mouth, I do forgiue
Thy rankest fault; all of them: and require
My Dukedome of thee, which, perforce I know
Thou must restore.

Alo. If thou beest *Prospero*
Giue vs particulars of thy preseruation,
How thou hast met vs heere, whom three howres since
Were wrackt vpon this shore? where I haue lost
(How sharp the point of this remembrance is)
My deere sonne *Ferdinand.*

Herzogtum erstatte ich zurück
Und flehe dich, vergib mir meine Schuld.
Doch wie trug es sich zu, daß Prospero
Noch lebt und hier lebt?
PROSPERO   Edler Freund, zuvörderst
Laß dein Alter mich umarmen, dessen Ehre
Nicht Maß noch Grenzen kennt.
GONZALO   Ob dies geschieht
Ob nicht, ich könnts nicht schwören.
PROSPERO   Noch
Schmeckt ihr nach, was diese Insel bietet
Und euch nicht glauben läßt, was wirklich ist.
Willkommen, meine Freunde, allesamt!
Doch euch zwei saubre Lords, euch könnte ich
Stünde mir der Sinn danach, den Unmut
Seiner Hoheit spüren lassen und
Als Verräter euch entlarven: momentan
Schweige ich.
SEBASTIAN   Das sprach der Teufel.
PROSPERO   Nein.
Und Euch, sehr schlechter Sir, der meine Zunge
Eitern ließe, riefe ich ihn Bruder
Die übelsten Verbrechen, alle, will ich
Dir verzeihen, und ich fordere
Mein Herzogtum von dir, der keine Wahl hat
Wie ich wohl weiß, als es herauszugeben.
ALONSO Bist du es, Prospero, berichte uns
Näheres von deiner Selbsterhaltung
Wie du uns hier trafst, die vor drei Stunden
An diesen Strand ein Schiffbruch warf, bei dem ich –
Wie stechend die Erinnerung doch ist!
Ferdinand verlor, den lieben Sohn.

Pro. I am woe for't, Sir.
Alo. Irreparable is the losse, and patience
   Saies, it is past her cure.

Pro. I rather thinke
   You haue not sought her helpe, of whose soft grace
   For the like losse, I haue her soueraigne aid,
   And rest my selfe content.
Alo. You the like losse?
Pro. As great to me, as late, and supportable
   To make the deere losse, haue I meanes much weaker
   Then you may call to comfort you; for I
   Haue lost my daughter.

Alo. A daughter?
   Oh heauens, that they were liuing both in *Nalpes*
   The King and Queene there, that they were, I wish
   My selfe were mudded in that oo-zie bed
   Where my sonne lies: when did you lose your daughter?
Pro. In this last Tempest. I perceiue these Lords
   At this encounter doe so much admire,
   That they deuoure their reason, and scarce thinke
   Their eies doe offices of Truth: Their words
   Are naturall breath: but howsoeu'r you haue
   Beene iustled from your sences, know for certain
   That I am *Prospero*, and that very Duke
   Which was thrust forth of *Millaine*, who most strangely
   Vpon this shore (where you were wrackt) was landed
   To be the Lord on't: No more yet of this,
   For 'tis a Chronicle of day by day,

PROSPERO Ich bin untröstlich, Sir.
ALONSO   Irreparabel
  Ist der Verlust, Und fromme Duldung sagt
  Ihn heilt sie nicht.
PROSPERO   Ich denke vielmehr
  Ihr suchtet ihren Beistand nicht, den sie
  Bei dem vergleichbaren Verlust mir gnädig
  Und trostreich lieh.
ALONSO   Vergleichbarer Verlust?
PROSPERO Gleich groß für mich, gleich plötzlich, und den
  Verlust erträglicher zu machen, bleiben   [teuren
  Mir weit schwächre Mittel als sie Euch
  Zu Eurer Tröstung zu Gebote stehen.
  Denn ich verlor die Tochter.
ALONSO   Eine Tochter?
  O Himmel, lebten beide in Neapel
  Als König und als Königin! Und müßte
  Ich selbst statt meines Sohns dafür im Schlamm
  Vermodern! Wann verlort Ihr Eure Tochter?
PROSPERO Jüngst, bei dem Sturm. Ich sehe schon, die Lords
  Bringt dieses Treffen derart aus der Fassung
  Daß sie ihr Hirn verschlucken und nicht glauben
  Daß ihre Augen Wahrheitsdienste leisten
  Noch, daß ihr Atem ihre Worte formt.
  Doch wie auch immer ihr von euren Sinnen
  Euch gelöst habt, wißt nun dies: ich bin
  Prospero, der Herzog, der aus Mailand
  Vertrieben ward, und, welch höchst sonderbarer
  Zufall, hier, auf ebendieser Insel
  Vor der Ihr Schiffbruch littet, strandete
  Um über sie zu herrschen. Nun genug
  Denn eine Chronik ist das vieler Tage

Not a relation for a break-fast, nor
Befitting this first meeting: Welcome, Sir;
This Cell's my Court: heere haue I few attendants,
And Subiects none abroad: pray you looke in:
My Dukedome since you haue giuen me againe,
I will requite you with as good a thing,
At least bring forth a wonder, to content ye
As much, as me my Dukedome.

Here Prospero discouers Ferdinand and Miranda, play-
ing at Chesse.

Mir. Sweet Lord, you play me false.
Fer. No my dearest loue,
I would not for the world.
Mir. Yes, for a score of Kingdomes, you should wrangle,
And I would call it faire play.

Alo. If this proue
A vision of the Island, one deere Sonne
Shall I twice loose.
Seb. A most high miracle.
Fer. Though the Seas threaten they are mercifull,
I haue curs'd them without cause.

Alo. Now all the blessings
Of a glad father, compasse thee about:
Arise, and say how thou cam'st heere.
Mir. O wonder!
How many goodly creatures are there heere?
How beauteous mankinde is? O braue new world
That has such people in't.
Pro. 'Tis new to thee.

Kein Frühstücksplausch, noch passend für dies erste
Wiedersehen. Seid Willkommen, Sir,
Als Palast dient dieses Felshaus mir
An Dienern mangelt es, und Untertanen
Sind keine da: nicht doch, schaut nur hinein.
Habt Ihr mein Herzogtum zurückerstattet
Will ich es Euch entsprechend hoch vergüten:
Nicht minder soll, als mich mein Herzogtum
Euch dieses Wunder freuen.
> *Hier öffnet Prospero den Blick auf Ferdinand*
> *und Miranda beim Schachspiel.*

MIRANDA Lieber Herr, Ihr mogelt.
FERDINAND   Nein, Geliebte
  Das täte ich nicht um die Welt.
MIRANDA   Nur zu:
  Von mir aus tuts um bloße zwanzig Reiche
  Und ich nenns doch fair play.
ALONSO   Erweist der Anblick
  Sich wiederum als Blendwerk dieser Insel
  Verliere ich den einen Sohn zweimal.
SEBASTIAN Ein Mirakel, ganz enorm!
FERDINAND   Die See, sie dräut
  Nicht nur, sie kann auch Gnade üben, 's war
  Nicht recht von mir, sie zu verfluchen.
ALONSO   Künftig
  Beschirme dich ein froher Vatersegen!
  Erhebe dich und sag, wie du hierher kamst.
MIRANDA O Wunder! Noch mehr herrliche Geschöpfe!
  Wie stattlich ist der Mensch! O, schöne neue
  Welt, die solches Volk hat.

PROSPERO   Sie ist dir neu.

Alo. What is this Maid, with whom thou was't at play?
   Your eld'st acquaintance cannot be three houres:
   Is she the goddesse that hath seuer'd vs,
   And brought vs thus together?
Fer. Sir, she is mortall;
   But by immortall prouidence, she's mine;
   I chose her when I could not aske my Father
   For his aduise: nor thought I had one: She
   Is daughter to this famous Duke of *Millaine*,
   Of whom, so often I haue heard renowne,
   But neuer saw before: of whom I haue
   Receiu'd a second life; and second Father
   This Lady makes him to me.

Alo. I am hers.
   But O, how odly will it sound, that I
   Must aske my childe forgiuenesse?

Pro. There Sir stop,
   Let vs not burthen our remembrances, with
   A heauinesse that's gon.
Gon. I haue inly wept,
   Or should haue spoke ere this: looke downe you gods
   And on this couple drop a blessed crowne;
   For it is you, that haue chalk'd forth the way
   Which brought vs hither.

Alo. I say Amen, *Gonzallo*.
Gon. Was *Millaine* thrust from *Millaine*, that his Issue
   Should become Kings of *Naples*? O reioyce
   Beyond a common ioy, and set it downe

ALONSO Wer ist die Maid, mit der du Schach gespielt hast?
Drei Stunden höchstens sinds, daß du sie kennst:
Ist sie die Göttin, die uns trennte und uns
Nun neu vereint?
FERDINAND   Sir, sie ist sterblich
Doch hat die unsterbliche Vorsehung
Gewollt, daß sie die Meine wird: ich konnte
Als ich sie wählte, meinen Vater nicht
Zu Rate ziehen, da ich überzeugt war
Ich hätte keinen mehr. Sie ist die Tochter
Des berühmten Herzogs von Milano
Über den ich viel gehört, doch den ich
Nie gesehen hatte. Er verhalf mir
Zu einem zweiten Leben, und die Lady
Macht mir ihn zum zweiten Vater.
ALONSO   Ich bin
Der ihre. Aber, o, wie schäbig wird es
Klingen, wenn ich mir von meiner Tochter
Vergebung muß erflehen.
PROSPERO   Hier, Sir, endet:
Beschweren wir uns das Gedächtnis nicht
Mit Argem, das Geschichte ist.
GONZALO   Ich mußte
Weinen, innerlich, sonst hätte ich gesprochen.
Schaut herab, ihr Götter, krönt dies Paar
Mit eures Segens Krone, denn ihr habt
Den Weg, der uns bis hierhin führte, vor-
Gezeichnet.
ALONSO   Amen, sage ich, Gonzalo!
GONZALO Stieß Mailand Mailands Herzog aus, auf daß
Sein Kind Neapels Thron besteigen könne?
O, freut Euch über alles Maß der Freuden!

With gold on lasting Pillers: In one voyage
Did *Claribell* her husband finde at *Tunis*,
And *Ferdinand* her brother, found a wife,
Where he himselfe was lost: *Prospero*, his Dukedome
In a poore Isle: and all of vs, our selues,
When no man was his owne.

Alo. Giue me your hands:
Let griefe and sorrow still embrace his heart,
That doth not wish you ioy.
Gon. Be it so, Amen.
> *Enter Ariell, with the Master and Boatswaine*
> *amazedly following.*

O looke Sir, looke Sir, here is more of vs:
I prophesi'd, if a Gallowes were on Land
This fellow could not drowne: Now blasphemy,
That swear'st Grace ore-boord, not an oath on shore,
Hast thou no mouth by land?
What is the newes?
Bot. The best newes is, that we haue safely found
Our King, and company: The next: our Ship,
Which but three glasses since, we gaue out split,
Is tyte, and yare; and brauely rig'd, as when
We first put out to Sea.

Ar. Sir, all this seruice
Haue I done since I went.
Pro. My tricksey Spirit.
Alo. These are not naturall euents, they strengthen
From strange, to stranger: say, how came you hither?

In ewige Pilaster kerbt in Goldschrift:
Ein und dieselbe Segelreise ließ
In Tunis Claribel den Gatten finden
Und ihren Bruder Ferdinand, dort, wo er
Sich schon verloren glaubte, eine Gattin
Prospero auf einem kargen Eiland
Sein Herzogtum, und uns uns selbst
Als wir nicht bei uns warn.
ALONSO   Reicht mir die Hände:
Furcht soll und Kummer jedes Herz beklemmen
Das euch das Glück nicht gönnt.
GONZALO   So sei es! Amen!
Ariel, dem der Kapitän und der Bootsmann
verwirrt folgen.
O, seht, Sir, seht, Sir! Da sind mehr von uns:
Das sagte ich voraus, der Mann ersäuft nicht
Solang am Ufer Galgen stehn. Na, Lästrer
Der Gottes Gnade über Bord schimpft, gehn dir
An Land die Flüche aus? Schließt fester Boden
Dir die Luke? Was für Neuigkeiten?
BOOTSMANN Die beste ist, wir finden unsern König
Und seinen Hofstaat wohlbehalten vor.
Die nächste, unser Schiff, von dem wir meinten
Und nicht sechs Glasen ist das her, es sei
In Splittern, liegt so schmuck und aufgetakelt
Wie auf der Jungfernfahrt.
ARIEL   Sir, all das tat ich
Seit ich hier abzog.
PROSPERO   Du mein Schelmengeist!
ALONSO Hier geht es nicht mit rechten Dingen zu
Das steigert sich von fremd zu immer fremder.
Sag, wie kamt Ihr her?

Bot. If I did thinke, Sir, I were well awake,
　I'ld striue to tell you: we were dead of sleepe,
　And (how we know not) all clapt vnder hatches,
　Where, but euen now, with strange, and seuerall noyses
　Of roring, shreeking, howling, gingling chaines,
　And mo diuersitie of sounds, all horrible.
　We were awak'd: straight way, at liberty;
　Where we, in all our trim, freshly beheld
　Our royall, good, and gallant Ship: our Master
　Capring to eye her: on a trice, so please you,
　Euen in a dreame, were we diuided from them,
　And were brought moaping hither.

Ar. Was't well done?
Pro. Brauely (my diligence) thou shalt be free.

Alo. This is as strange a Maze, as ere men trod,
　And there is in this businesse, more then nature
　Was euer conduct of: some Oracle
　Must rectifie our knowledge.
Pro. Sir, my Leige,
　Doe not infest your minde, with beating on
　The strangenesse of this businesse, at pickt leisure
　(Which shall be shortly single) I'le resolue you,
　(Which to you shall seeme probable) of euery
　These happend accidents: till when, be cheerefull
　And thinke of each thing well: Come hither Spirit,
　Set *Caliban*, and his companions free:
　Vntye the Spell: How fares my gracious Sir?

BOOTSMANN   Auf die Gefahr, Sir
  Daß ich leicht verpeilt bin, will ichs Euch
  So gut ich kann, berichten. Keiner weiß
  Wies dahin kam, doch wir, wir schliefen wie
  Die Toten unter Deck, wo uns mit mal
  Jetzt eben, ein Getöse von Geräuschen
  Wie Brüllen, Kreischen, Heulen, Kettenrasseln
  Und mehr von solchem schauderhaften Krach
  Hochschrecken ließ. Wir stolpern wild an Deck
  Da liegt der Kahn in alter Pracht, und wir
  Stehn da wie aus dem Ei gepellt. Der Käptn
  Macht bei dem Anblick einen Freudensprung
  Und Bums! als wie im Traum, ich bin gleich fertig
  Reißt es uns von allen weg und setzt uns
  Kein Mensch weiß wie, hier ab.
ARIEL   Zufrieden?
PROSPERO   Bravo
  Mein musterhafter Geist. Frei wirst du sein.
ALONSO Kein Mensch durchirrte je solch Labyrinth
  Und hinter diesem Treiben stecken Kräfte
  Die nicht natürlich sind. Nur ein Orakel
  Kann uns da belehren.
PROSPERO   Sir, mein Fürst
  Zerbrecht Euch nicht den Kopf mit dem Begrübeln
  Des fremdartigen Tuns. Die Mußestunde
  Ist nicht fern, in der ich jeden Vorfall
  Euch so erklären werde, daß Ihr ihn
  Für nicht ganz unwahrscheinlich halten sollt.
  Bis dahin seid getrost und nehmt die Dinge
  Von ihrer frohen Seite. Geist, komm her
  Laß Caliban und seine Freunde frei
  Erlöse sie. Wie geht es Eurer Hoheit?

There are yet missing of your Companie
Some few odde Lads, that you remember not.
*Enter Ariell, driuing in Caliban, Stephano, and
Trinculo in their stolne Apparell.*

Ste. Euery man shift for all the rest, and let
No man take care for himselfe; for all is
But fortune: *Coragio* Bully-Monster *Corasio*.

Tri. If these be true spies which I weare in my head,
here's a goodly sight.

Cal. O *Setebos*, these be braue Spirits indeede:
How fine my Master is? I am afraid
He will chastise me.

Seb. Ha, ha:
What things are these, my Lord *Anthonio*?
Will money buy em?

Ant. Very like: one of them
Is a plaine Fish, and no doubt marketable.

Pro. Marke but the badges of these men, my Lords,
Then say if they be true: This mishapen knaue;
His Mother was a Witch, and one so strong
That could controle the Moone; make flowes, and ebs,
And deale in her command, without her power:
These three haue robd me, and this demy-diuell;
(For he's a bastard one) had plotted with them
To take my life: two of these Fellowes, you
Must know, and owne, this Thing of darkenesse, I
Acknowledge mine.

Cal. I shall be pincht to death.

Alo. Is not this *Stephano*, my drunken Butler?

Von Eurem Anhang werden noch zwei Leute
Vermißt, an die Ihr Euch wohl nicht erinnert.
*Ariel treibt Caliban, Stephano und Trinculo in ihren
gestohlenen Kleidern vor sich her.*
STEPHANO Jeder für alle und keiner für sich, der Rest ist
Glückssache.
Kuraasch, Edelmonster, Kuraasch!
TRINCULO Stimmt das, was in meim Kopf der Ausguck meldet, dann sind das hier herrliche Ansichten.
CALIBAN O Setebos, die Geister sind gewaltig! Wie mein
Meister prächtig ist! Ich fürchte, mich wird er züchtigen.

SEBASTIAN Ich lach mich tot! Was sind denn die, Mylord
Antonio? Ist das für Geld zu haben?

ANTONIO Sieht so aus; der eine da ist schlicht ein Fisch und
somit voll vermarktbar.
PROSPERO Überseht den Aufzug dieser Männer
Mylords, und sagt mir, ob ihr sie erkennt.
Der Unhold ist ein Hexenkind, die Mutter
Hatte Macht genug, den Mond zu lenken
Ließ Ozeane steigen oder fallen
Nach ihrem Willen, ohne seine Kraft.
Die drei bestahlen mich, und dieser Bastard
Des Höllenfürsten stachelte sie an
Mein Leben auch zu rauben. Zwei der Männer
Müßt Ihr als Euren Anhang anerkennen
Hier die Ausgeburt der Finsternis
Ist mir zur Last zu legen.
CALIBAN   Tot mich pieken
Wird er.
ALONSO   Stephano ist das, mein Trunken-

Seb. He is drunke now;
   Where had he wine?
Alo. And *Trinculo* is reeling ripe: where should they
   Finde this grand Liquor that hath gilded 'em?
   How cam'st thou in this pickle?

Tri. I haue bin in such a pickle since I saw you last,
   That I feare me will neuer out of my bones:
   I shall not feare fly-blowing.

Seb. Why how now *Stephano?*
Ste. O touch me not, I am not *Stephano*, but a Cramp.

Pro. You'ld be King o'the Isle, Sirha?

Ste. I should haue bin a sore one then.

Alo. This is a strange thing as ere I look'd on.
Pro. He is as disproportion'd in his Manners
   As in his shape: Goe Sirha, to my Cell,
   Take with you your Companions: as you looke
   To haue my pardon, trim it handsomely.
Cal. I that I will: and Ile be wise hereafter,
   And seeke for grace: what a thrice double Asse
   Was I to take this drunkard for a god?
   And worship this dull foole?

Pro. Goe to, away.
Alo. Hence, and bestow your luggage where you found it.
Seb. Or stole it rather.
Pro. Sir, I inuite your Highnesse, and your traine

Bold von Hofschenk!
SEBASTIAN   Blau selbst jetzt: woher
  Hat er den Stoff?
ALONSO   Und Trinculo kann auch
  Auf keinem Bein mehr stehn: wo fanden sie
  Das Elixier, das sie zum Glühen brachte?
  Wie kamt ihr in die Tunke?
TRINCULO   In der Tunke hock ich
  Seit ich zuletzt Euch sah, so daß ich Angst hab
  Ich krich sie nie mehr ausn Knochen, mich sticht
  Keine Mücke mehr.
SEBASTIAN   Und Stephano?
STEPHANO Rühr mich nich an, ich bin nicht Stephano
  Ich bin der heilige Krampfiskus.
PROSPERO   Der
  Der Inselkönig werden wollte?
STEPHANO   Das
  Hätte wehgetan, wär ichs geworden.
ALONSO Solch ein Anblick bot sich mir noch nie.
PROSPERO So ungeschlacht wie an Gestalt ist er
  In seinem Wesen. Ab ins Felshaus, Freundchen
  Deine Bagage nimm mit; wollt ihr Pardon
  Klart alles gründlich auf.
CALIBAN   Das tun wir. Und hernach
  Bin ich klüger, halt mich in der Gunst.
  Was für ein Dreifachdoppelesel war ich
  Den Trunkenbold für einen Gott zu nehmen
  Und diesen Trottel zu verehren.
PROSPERO   Los jetzt!
ALONSO Hängt die Kostüme auf, wo ihr sie hernahmt.
SEBASTIAN Oder vielmehr wegnahmt.
PROSPERO Sir, Eure Hoheit ist samt Eurem Tross

To my poore Cell: where you shall take your rest
For this one night, which part of it, Ile waste
With such discourse, as I not doubt, shall make it
Goe quicke away: The story of my life,
And the particular accidents, gon by
Since I came to this Isle: And in the morne
I'le bring you to your ship, and so to *Naples*,
Where I haue hope to see the nuptiall
Of these our deere-belou'd, solemnized,
And thence retire me to my *Millaine*, where
Euery third thought shall be my graue.

Alo. I long
  To heare the story of your life; which must
  Take the eare strangely.
Pro. I'le deliuer all,
  And promise you calme Seas, auspicious gales,
  And saile, so expeditious, that shall catch
  Your Royall fleete farre off: My *Ariel*; chicke
  That is thy charge: Then to the Elements
  Be free, and fare thou well: please you draw neere.
            Exeunt omnes.

In mein karges Felsenhaus geladen
Da auszuruhen diese eine Nacht
Von der ich einen Teil mit Schilderungen
Verbringen will, die, wie ich nicht bezweifle
Sie schnell verstreichen lassen: die Erzählung
Von meinem Inseldasein und den Dingen
Die sich, seit ich hier ankam, abgespielt.
Gegen Morgen schiffe ich mit Euch
Mich nach Neapel ein, wo ich zum Zeugen
Das hoffe ich, der Hochzeitsfeier werde
Die diese unsre Liebenden vereint.
Dann ziehe ich nach Mailand mich zurück
Wo mir von drei Gedanken jeweils einer
Dem Grabe gelten soll.
ALONSO   Begierig bin ich
Die Erzählung Eures Lebens anzuhören
Die das Ohr gewiß gefangen nimmt.
PROSPERO Ich verschweige nichts, und ich verspreche
Ruhige See, günstigen Wind und rasche
Überfahrt, so daß Ihr Eure Flotte
Die weit voraus ist, einholt. Ariel
Dies letzte noch, mein Vögelchen: dann frei
Wies Element und lebe wohl! So tretet ein.

EPILOGVE,
spoken by Prospero.

NOw my Charmes are all ore-throwne,
And what strength I haue's mine owne.
Which is most faint: now 'tis true
I must be heere confinde by you,
Or sent to Naples, *Let me not*
Since I haue my Dukedome got,
And pardon'd the deceiuer, dwell
In this bare Island, by your Spell,
But release me from my bands
With the helpe of your good hands:
Gentle breath of yours, my Sailes
Must fill, or else my proiect failes,
Which was to please: Now I want
Spirits to enforce: Art to inchant,
And my ending is despaire,
Vnlesse I be relieu'd by praier
Which pierces so, that it assaults
Mercy it selfe, and frees all faults.
    As you from crimes would pardon'd be,
    Let your Indulgence set me free.   *Exit.*

Epilog
gesprochen von Prospero

Als Magier bin ich abgeschafft
Mir bleibt nur meine eigne Kraft
Die mehr als schwach ist: jetzt, 's ist wahr
Entscheidet ihr, auf immerdar
Mich zu verstoßen oder mich
Nach Haus zu senden. Sorgt, daß ich
Der ich mein Herzogtum bekam
An keinem Schurken Rache nahm
Nun nicht, durch euren Spruch gebannt
Verharre auf dem kahlen Strand
Sondern wollt mein Schicksal wenden
Mit euren gut gesinnten Händen:
Schwellt eure Gunst mir nicht die Segel
Verstieß ich gegen meine Regel
Die da heißt: euch zu gefallen
Jetzt entbehr ich Geisterwallen
Zaubermacht ermangelt mir
Und verzweifelt end ich hier
Wenn euch mein bloßes Bitten nicht
Direkt ins Herz der Gnade sticht.
    Wollt ihr, daß man euch Schuld vergibt
    Entschuldigt mich, wenns euch beliebt. *Ab.*

The Scene, an vn-inhabited Island

Names of the Actors.

Alonso, K. of Naples:
Sebastian his Brother.
Prospero, the right Duke of Millaine.
Anthonio his brother, the vsurping Duke of Millaine.

Ferdinand, Son to the King of Naples.
Gonzalo, an honest old Councellor.
Adrian, & Francisco, Lords.
Caliban, a saluage and deformed slaue.
Trinculo, a Iester.
Stephano, a drunken Butler.
Master of a Ship.
Boate-Swaine.
Marriners.

Miranda, daughter to Prospero.

Ariell, an ayrie spirit.

Iris	}
Ceres	}
Iuno	} *Spirits.*
Nymphes	}
Reapers	}

FINIS.

Die Szene ist eine unbewohnte Insel

Dramatis Personæ

ALONSO König von Neapel
SEBASTIAN sein Bruder
PROSPERO der rechtmäßige Herzog von Mailand
ANTONIO sein Bruder, der unrechtmäßige Herzog von
   Mailand
FERDINAND Sohn des Königs von Neapel
GONZALO ein ehrlicher alter Rat des Königs
ADRIAN und FRANCISCO Gefolgsleute des Königs
CALIBAN ein wilder und mißgestalter Knecht Prosperos
TRINCULO eine lustige Person
STEPHANO der betrunkene Mundschenk des Königs
KAPITÄN einer Brigg
BOOTSMANN
MATROSEN

MIRANDA Tochter Prosperos

ARIEL ein Luftgeist

IRIS CERES JUNO NYMPHEN SCHNITTER Geister

Anmerkungen

I, i, 38   *perfect Gallowes* – wiederholt wird hier auf das Sprichwort »he that is born to be hanged shall never be drowned« angespielt (OE 98)

I, ii, 2   *Prospero* – der Name wird erwähnt in Ben Jonsons *Every Man in his Humour* (OE 101), vgl. Nachwort

I, ii, 3f.   *you haue/Put the wild waters* – das erste von Looney angeführte Beispiel für unechte Versifikation: »Versification ... always implies that, in a general way, the pause, formed by the end of the line corresponds to a pause, however slight, in the spoken utterance... When the connection between the last word of one line and the first word of the next is too close, and such connections become too frequent, the sense of versification is lost and it becomes merely dismembered prose... Now, it is hardly possible to get two words more closely connected in spoken utterances than a Principal and an Auxiliary Verb, when no adverb comes between them, as in the case of this, verb, ›have put.‹« Einige weitere Beispiele: I, ii, 14f. *and/The*, I, ii, 66f. *and/A Prince* I, ii, 69f. *and/She said* II, i, 217f. *and/My strong* III, i, 19f. *had/Burnt* III, iii, 94f. *haue/Incens'd* III, iii, 125f. *and/I'le seeke* etc.

I, ii, 4   *Rore* – roar

I, ii, 5ff.   *The skye it seemes would powre down stinking pitch, But that the Sea, mounting to th' welkins cheeke, Dashes the fire out.* – Auf Vulcano, dem von Roe identifizierten Schauplatz des Stückes, finden sich z. T. schwefelhaltige Fumarole, die diese Beschreibung plausibeler machen (Roe 283f.)

I, ii, 31   *plucke my Magick garment from me: So, Lye there my Art:* Lord Burghley sagte, wenn er in der Nacht seinen Umhang ablegte, »Lie there, Lord Treasurer« (OE 102) Daraus ist aber nicht gleich zu schließen, daß Prospero für Burghley steht; es wird eher ein Familien-Witz für Insider sein, der auch eine ironische Distanz zwischen Autor und Rolle andeutet

I, ii, 61   *Abisme* – abysm
I, ii, 70   *She said thou wast my daughter* – ein schwacher aber deutlicher Anklang an Shakespeares Leitthema von Eifersucht und Untreue
I, ii, 87   *signories* – »both lordships and domains, specifically applied to the Italian city-states« (OE 105)
I, ii, 124 *Do'st thou* – korr. aus *Do'stthou* (DF)
I, ii, 126 *Schreene* – screen
I, ii, 129 *temporall roalties* – temporal royalties
es wird hier (ein weiteres Leitmotiv Shakespeares) auch um die materielle Seite der Einkünfte gehen
I, ii, 170 *Barke* – barque, Segelschiff mit drei Masten. OE merkt an, daß Mailand keinen Hafen hatte (144). Das ist zwar nicht korrekt (vgl. Magri 102), aber Roe erläutert, daß der direkte Wasserweg von Mailand über die Etsch und den Po sehr langwierig gewesen wäre. Die Verschleppten wären dann in der Adria ausgesetzt worden und hätten kaum direkt die Insel Vulcano erreichen können. Zu Prosperos Schilderung paßt hingegen perfekt folgende Route: entführt in *Florenz*, auf einer Barke auf dem Arno und einen Kanal direkt nach Livorno, dort verladen auf ein *butt*, von wo aus ihn die mitleidigen Winde in wenigen Tagen nach Vulcano wehten (Roe 270, vgl. Nachwort).
I, ii, 172 *Butt* – lt. OE Slang-Ausdruck für Schiff (144); Faß, ein unförmiges Frachtboot mit hohen Wänden (Roe). Verwandte italienische und französische Wörter *boop* und *boute* (OE)
I, ii, 220 *Ariel* – »Ariel in Hebrew means hero and is derived from ri, denoting a lion, and el, denoting God, or lion of God« (Goldstein 138). In Zusammenhang mit John Dee (vgl. Nachwort) könnte Ariel auch für »Uriel« stehen.
I, ii, 231 *I flam'd amazement* – hier setzt die Diskussion über Sankt-Elms-Feuer und die möglichen Quellen hierzu an (vgl. Nachwort)

I, ii, 247 *a fire* – afire
I, ii, 266f. *Safely in harbour Is the Kings shippe, in the deepe Nooke* auf Vulcano gibt es eine große *Grotta del Cavallo* (Roe 289 f. mit Abb.)
I, ii, 267f. *once Thou calldst me vp at midnight to fetch dewe From the still-vext Bermoothes*
Die einzige Erwähnung der Bermudas im Stück (»Niemand wäre ohne diese Stelle jemals auf die Idee gekommen, eine Beziehung zwischen dem *Tempest* und den Bermudas herzustellen« (G. Wagner)), die Lieblingsstelle der Interpreten. Vgl. das Nachwort, wo diese zeitgenössische Anspielung näher aufgeschlüsselt wird.
I, ii, 275 *Bound sadly home for Naples*
»King Alonso's sea route from Tunis to Naples ... has appeared in literature before. It is *exactly* the route taken by Virgil's Aeneas ... when Aeneas abandons his broken-hearted Queen Dido of Carthago, and sails for Rome.« (Roe 271; Aeneas wollte vor seinem Endziel Rom in Kyme (Cumae) unmittelbar bei Neapel die Seherin Sibylle aufsuchen, die ihm riet, in der Unterwelt die Seelen der Verstorbenen – Anchises, Kreusa, Dido – zu befragen (Vergil III, 439ff.). Die Route führt an Siziliens Nordküste vorbei und passiert die Liparischen/Äolischen Inseln, wo Aeneas in einen Sturm gerät (I, 51ff.; vgl. Nachwort).
I, ii, 305 *The fowle Witch Sycorax* – »The figure is largely derived from Ovid's account of Medea in *Metamorphoses* 7« (OE 115)
I, ii, 318 *blew ey'd hag* – lt. OE mit blauen Augenlidern, nicht blauäugig (116); Roe vermutet bei Sycorax jedoch eine Anspielung auf die blauäugige Bianca Capello (288)
I, ii, 323 *hests* – behests
I, ii, 331 *he* – Var. she Rowe (DF)
I, ii, 334 *Caliban* – seit den 18. Jhdt. wird der Name als Anagramm von *canibal* gedeutet; Caliban ist jedoch kein

Kannibale. Roe zieht zur Erklärund des Namens das Katalanische heran: »In Catalan, *Caliban* means *Outcast*, or *Pariah*.« (288)

I, ii, 356 *thine, and mine* – »there are obvious problems with the F's text here. ... Judging from its awkwardness, it is unlikely to have been authorial.« (OE 117) Zur Authentizitätsdebatte vgl. Nachwort

I, ii, 376 *queint* – quaint

I, ii, 377 *Hearke* – hark

I, ii, 386 *Vrchins* – s. u. zu II, ii, 8ff.

I, ii, 395 *Water with berries in't* – auf Vulcano wachsen wilde Maulbeeren (Roe 286), vgl. auch II, ii, 169f.

I, ii, 396 *the bigger Light ... the lesse*
»God then made ... the greater light ... and the less light« (Genesis I:16, Geneva Bible, zit. OE 119)

I, ii, 414ff. *Mira. Abhorred Slaue...*
zahlreiche Editoren seit Dryden haben diese Stelle Prospero zugeschrieben, weil sie nicht zu Miranda passen soll (OE 120)

I, ii, 430 *Fewell* – fuel

I, ii, 435 *dyn* – din

I, ii, 438 *Setebos* – »In Antonio Pigafettas Reisebericht (*Mit Magellan um die Erde*, 1519-1522, in Richard Edens Reiseanthologien) findet sich »the great devil Setebos«; er beschreibt auch das St. Elmsfeuer, große Stürme, Riesen und ›Canibales‹ (auf ihm beruht wohl auch Montaignes *De Caniballes*)« (G. Wagner). Da er ein patagonischer Geist gewesen sein soll, wäre dies dann die einzige sichere Stelle im Stück, bei der die »Neue Welt« ins Spiel kommt.

I, ii, 442 *Come vnto these yellow sands*
auf Vulcano ist der Sand durch starke Schwefelablagerungen gelb (vgl. Roe 282f. mit Abbildungen). Vgl. auch Marlowes *Hero and Leander* (Druck 1598): »the sea playing on yellow sand« (Chiljan 371)

I, ii, 461ff. *Full fadom fiue thy Father lies...*
vertont von Robert Johnson (1582-1633, veröffentlicht 1660), OE 220ff. Daß dies die »original music« zum Stück ist, ist sehr hypothetisch (OE 123), zur Aufführung von 1613 würde sie chronologisch passen.

I, ii, 511   *And his braue sonne*
Antonios Sohn wird nirgendwo sonst erwähnt, wohl Relikt einer früheren Fassung (OE 125)

I, ii, 530   *ow'st* – own'st

II, i, 8   *The Masters of some Merchant, and the Merchant*
eine (unnötig, OE 128f.) vieldiskutierte und -emendierte Stelle

II, i, 13f. *peace ... porredge* – Wortspiel mit pease-porridge (OE129)

II, i, 40f, *Seb. Ha, ha, ha. Ant. So: you'r paid.* –
die verwirrende Rollenzuschreibung ist wohl ein DF

II, i, 74   *the king of Tunis* – eine versteckte Ironisierung von Don Juan de Austria (Roe 293)

II, i, 88   *Harpe* – harp

II, i, 103f. *sort ... sort* – Wortspiel mit Nebenbedeutung *lot*

II, i, 133   *Waigh'd* – Weighed

II, i, 153ff. *I'th'Commonwealth...*
Gonzalos berühmte Rede ist nahezu wörtlich von Montaignes ›On the Canibals‹ (*Essais* I, 30) übernommen (1580, engl. Übersetzung 1603); vgl. OE 133, 227ff.

II, i, 158   *Corne ... Wine ... Oyle* – vgl. Psalm 4:8 (OE 135)

II, i, 160f. *No occupation, all men idle, all: And Women too, but innocent and pure* – nicht bei Montaigne

II, i, 167   *Without sweat* – vgl. Genesis 3:19 (OE 135)

II, i, 170   *foyzon* – foison

II, i, 187   *And* – An (If)

II, i, 304   *kybe* – kibe

II, ii, 8ff. *Vrchyn-shewes ... Hedg-hogs*
»urchin-shows« und »hedgehogs«; »different names for the

same animal. Small nocturnal omnivores, about ten inches long, hedgehogs are found all over the Aeolian Islands.« (Roe 285). Vgl. auch Prosperos Drohung I, ii, 386

II, ii, 24 *bumbard* – bombard

II, ii, 63 *Saluages* – savages

III, ii, 143f. *the Isle is full of noyses, Sounds, and sweet aires, that giue delight and hurt not* – bereits Vergil erwähnt die beständigen Geräusche auf Vulcano (Roe 284f.)

II, ii, 176 *Crabs* – sowohl Holzäpfel als auch Krabben können hier gemeint sein (OE 150)

II, ii, 178 *Iayes* – jay's

II, ii, 179 *Marmazet* – marmoset

II, ii, 180 *Philbirts* – filberts

II, ii, 180 *Scamels* – »This creature has provoked endless debate.« (OE 151), dort werden einige Vorschläge erwähnt, nicht jedoch die von Roe identifizierten Uferschnepfen: »bar-tailed godwits, a migratory march and shore bird« (286). Malone schlug sea-mels, eine Mövenart, vor

III, i, 58 *peerlesse* – DF *peetlesse* korr.

III, i, 85 *boaded* – boded

III, ii, 20 *lie like dogs* – Wortspiel liegen/lügen, sprichwörtl. (OE 157)

III, ii, 27 *debosh'd* – debouched

III, ii, 54 *Mum* – sprwtl. »I will say nothing but mum« (OE 158)

III, ii, 84 *murren* – murrain

III, ii, 96 *wezand* – weasand

III, ii, 98 *Sot* – fool

III, iii, 3 *By'r larkin* – by our ladykin, viz. the Virgin Mary; bei S. häufiger ›katholischer‹ Fluch

III, iii, 5 *here's a maze trod indeede* – die erste Stelle, aufgrund derer man das Stück auch *The (Spanish) Maze* nennen könnte (die zweite ist V, i, 288). (s. Nachwort)

III, iii, 31 *A liuing Drolerie* – »those that beget tales, tempests, and such-like drolleries« (Ben Jonson 1614, OE 164). Damit könnte ebenfalls die Aufführung von 1613 gemeint sein, vgl. Nachwort

III, iii, 41   *Islands* – F2 Islanders
III, iii, 63   *Wallets* – wattles
III, iii, 71ff. *Ariell (like a Harpey)* – »The episode is based on *Aenid* iii. 225ff.« (OE 166)
IV, i, 11   *her of* – wohl DF für *of her*, obwohl F2 *her off* setzt
IV, i, 16   *guest* – Var. gift (guift) Rowe, als DF erklärbar
IV, i, 20   *holy right* – Var. holy rite (Rowe)
IV, i, 70   *Fetches* – vetches
IV, i, 71   *Turphie* – turfy
IV, i, 72   *Medes* – meads
IV, i, 73   *pioned, and twilled* – eine umrätselte Stelle; OE schlägt peonied and twilled vor (174). »Eine plausible Erklärung bietet (nach Gerd Stratmann, *Tempest*, Reclam, S. 200) John Considine (*Shakespeare Quarterly* 54, 2003); demnach bedeute *pioned* sowohl *excavated* als auch *sloped*, sogar beides zugleich (im Sinne von »abgeschrägt«; das Wort hing mit *pioneers* zusammen, deren Aufgabe es u.a. war, derartige Gräben auszuheben«. Dies findet Bestätigung durch Robert Barret, *The Theorike and Practike of Modern Warres*, 1598. Danach war es Aufgabe der pioneers to make trenches, Rampiers, Minings, Countermines, ditches, caves (Edelmann, *Sh.'s Military Language*, 356).« (G. Wagner)
IV, i, 75   *broome-groues* – seit dem 18. Jhdt. wird hierzu das Problem diskutiert, wie Ginster ein Gebüsch bilden kann (OE 174) Vgl. IV, i, 204. Ginster kann als macchia, eine Gebüschformation, auftreten; auf Vulcano soll es eine Art Heide geben, s. IV, i, 40; vgl. auch Roe
IV, i, 93   *A contract of true Loue* – vgl. de Veres Frühlyrik
IV, i, 107 *bed-right* – die Var. *bed-rite* wird von OE (176) zurückgewiesen
IV, i, 113 *Highest Queene of State* – die Huldigung an Elizabeth I. ist deutlich genug

IV, i, 137 *wise* – es wird sehr häufig vermutet, daß hier aufgrund eines DF (oder sogar einer hypothetischen Letterabnutzung des Buchstabens f, OE 178) *wife* gemeint sei. Ein zureichender Grund, den überlieferten Text zu ändern, bestände aber nur, wenn er sinnlos wäre, wasw nicht der Fall ist.

IV, i, 144 *windring* – wird, da das Wort sonst nirgendwo auftaucht, als DF für *winding* gesehen (OE 178) Ist wohl ein sog. Portmanteau-Wort, von Shakespeare erfunden, bestehend aus *winding* und *wandering* (G. Wagner).

IV, i, 171f. *and/Are melted* – in dieser berühmten Stelle (»the one passage ... that has been singled out for special notice by others«) entdeckt Looney ebenfalls falsche Versifikation und gerät in einen langen, etwas rhetorischen Diskurs über »metaphysical vagueness« u.a.: »To what, then, do these lines owe their popularity?«

IV, i, 204 *Tooth'd briars, sharpe firzes, pricking gosse, & thorns*
»Such thorny plants are typical of the heath of Vulcano. The most obnoxious plant ... is the ubiquitous broom« (Roe 294)

IV, i, 206ff. *filthy mantled poole ... the fowle Lake Ore-stunck their feet.*
vgl. Roe 280ff., wo das nach Schwefel riechende (IV, i, 225 *horse-pisse*) heiße Schlammbad bei Porto Levante auf Vulcano beschrieben wird, das dieser Szene zugrunde liegt. »In our playwright's day, Vulcano's hot mud pool would have been ›mantled‹, that is covered by a floating crust of dry sulphor« (282)

IV, i, 218 *line* – lt. OE (183) Lesart von *lind* (Linde); s. auch IV, i, 261

IV, i, 232 *hudwinke* – hoodwink

IV, i, 248 *O King Stephano, O Peere* – vgl. die Ballade »King Stephen was and-a worthy Peere« aus *Othello* II, ii, 105ff. (OE 184)

V, i, 15 *boudge* – budge
V, i, 21 *eaues* – eaves
V, i, 31 *Thogh* – Though

V, i, 126   *Where* – Whether
V, i, 183   *iustled* – jostled
V, i, 246   *gold on lasting Pillers* – ev. Anspielung auf das Wappen Karls V. (OE 199)
V, i, 267   *tyte* – tight
V, i, 285   *moaping* – moping
V, i, 368   *strangely* – DF *starngely* korr.
V, i, 376   *EPILOGVE* – die auffallende »metrical roughness« (OE 204) des Epilogs spricht nicht für seine Authenzität

Nachwort

Zu dieser Edition

Im Nachwort zum ersten Band dieser Ausgabe (*Timon aus Athen*) haben wir die Prinzipien unserer Edition dargelegt und ausführlich die Entscheidung begründet, auf den englischen Originaltext zurückzugehen. Zusammengefaßt:

* Als englischer Text wird der bestverfügbare Originaltext des Stücks weitgehend wort- und zeichengetreu dargeboten: in diesem Falle der der ersten Folioausgabe (F) von 1623.
* Die deutsche Übersetzung ist auch als Kommentar zum englischen Text zu verstehen, da sie den Leser in der Regel schnell den Sinn des Originaltextes erfassen läßt und bei Zweifelsfällen erläuternd wirkt. Auf diese Kommentarfunktion ist sie natürlich nicht beschränkt, sondern sie steht in einem Dialog mit dem Original, der an jeder Stelle der Ausgabe nachvollziehbar sein soll.
* Bei fehlenden Vokabeln hilft meist ein einfaches Nachschlagen in Wörterbüchern (nicht nur auf Smartphones ständig verfügbar).
* Fast alle – bei Shakespeare häufiger als bei anderen Autoren zu findenden – seltenen Ausdrücke sind in der Orthographie meistens (nahezu) identisch mit der heutigen Schreibweise, was daran liegen mag, daß die sperrigen Vokabeln des Urtextes fast immer noch dieselben sind wie vor mehr als 400 Jahren – und heute genauso selten wie zur Shakespeare-Zeit. Altertümlich anmutende Wörter sind eher nicht durch altertümliche Schreibweise fremd, sondern durch ihre Seltenheit, ja

Einzigartigkeit. Man kann das auch so ausdrücken: Shakespeare hat die englische Sprache weitgehend erfunden und seine Erfindungen sind immer noch in Gebrauch.

* Im Anhang wird bei einigen orthographisch abweichenden Wörtern zusätzlich die moderne Schreibweise angegeben. Offensichtliche Druckfehler und von verschiedenen Herausgebern vorgeschlagene denkbare Varianten werden ebenfalls vermerkt und ggf. diskutiert.
* Nicht normiert und kommentiert wird der auf den ersten Blick merkwürdig anmutende historische Gebrauch des »u« und »v«; daran kann (und wird) man sich gewöhnen.
* Das Prinzip der wort- und zeichengenauen Wiedergabe des Folio-Textes sollte nicht in dem Sinne mißverstanden werden, daß man sich hier auch in jedem äußerlichen Detail an diese Vorlage hält. Hierzu sei auf im Internet bereitgestellte Reproduktionen verwiesen bzw. auf die Faksimileausgabe der First Folio.
* Der Text-Kommentar verzichtet auf Interpretationen und weist nur auf wenige aussagefähige reale Textbezüge hin; dem Leser wird zugemutet, sich durch die Arbeit des eigenen Nachdenkens dem Textverständnis zu nähern.

Zum Stück

Textgrundlage

Der maßgebliche Quelltext von *The Tempest* ist allein die erste Folioausgabe von 1623 (F). Daraus folgt auch (was gerade bei *Der Sturm* gar nicht genug betont werden kann):

das einzige zuverlässige Referenzdatum des Werkes ist 1623, das Werk wurde postum veröffentlicht, ohne Einwirkungsmöglichkeit des Verfassers, wer er auch gewesen sein mag. Aus der Tatsache, daß *Der Sturm* das erste in der Folioausgabe gedruckte Stück ist (bzw. auch das erste im Stationer's Register eingetragene Stück dieser Edition) ist kein eindeutiger Schluß zu ziehen; allenfalls könnte dies ein Hinweis auf eine besondere Relevanz des Textes sein, oder aber, wie auch Stephen Orgel in seiner relativ nüchternen Oxford-Edition vermutet, eine chronologische Einordnung als frühe Komödie suggerieren.

Titelornament

Ein besonderer Hinweis ist allerdings das Titelornament zu *Der Sturm*: Es handelt sich um eine Art Rebus: es zeigt exakt dasselbe Motiv, das zuerst für Thomas Watsons *Hekatompathia* von 1582 (gewidmet Edward de Vere, dem 17. Grafen von Oxford) und anschliessend für die zweite Auflage von Holinsheds *Chronicles of England, Scotland and Ireland* (1587) verwendet wurde, dort allerdings vervoll-

THE
TEMPEST.

ständigt um die bei Watson abgeschnittenen linken und rechten Ausläufer:

Thomas Watson (1582)

Holinsheds *Chronicles* (1587)

Die besondere Botschaft dieses Rebus besteht in den links und rechts unten abgebildeten caleygreyhounds, einem eigentümlichen Wappentier der Grafen von Oxford, worauf Charles Bird hingewiesen hat:

»Die Identifizierung dieser Wappentiere wurde uns durch ihr Vorhandensein auf Siegel und Grab des 13. Grafen von Oxford sowie auf dem Grab des 15. wie des 16. Grafen in Castle Hedingham erleichtert. Bezeichnenderweise hat der Graphiker den ursprünglichen Stierschwanz durch den geschwungenen Windhundschwanz ersetzt. Außerdem konnte ich feststellen, daß die Transparente der Kolophone von Watsons *Hekatompathia* und Shakespeares *Folio* bis auf diese Abänderung der Stiere in ›Caley‹-Windhunde vollkommen übereinstimmen. Die Dekorationen auf der Titelseite des 1582 dem 17. Grafen von Oxford gewidmeten Werkes *Hekatompathia* transportierten bildliche Anspielungen auf ihn. Die Titelseite der 1623 erscheinenden ersten Folioausgabe von Shakespeares Bühnenstücken ähnelt jener von 1582, nur daß sie einen spezifischen Hinweis auf den Grafen von Oxford durch eine Bezugnahme ersetzt, die als noch spezifischer gelten kann.«

Daß sich dieses Ornament (was Bird noch nicht wußte) schon auf einem Lieblingsbuch Shakespeares wie Holinsheds *Chronicles* findet, verstärkt noch den Shakespeare-de Vere-Bezug. Es handelt sich hierbei übrigens um Holzschnitte. Die Holzblöcke, die ein Hochdruckverfahren darstellen, wurden in den Seitensatz eingefügt und so zusammen als ganze Seite gedruckt (Auskunft Hanjo Schmidt). Eine Detailuntersuchung mit neuesten exakten Verfahren könnte hier bestimmt noch weitere sehr interessante Erkenntnisse (z. B. über die (Nicht-)Identität der Holzschnitte) liefern; noch unternimmt sie allerdings niemand.

Die symbolische Bedeutung des Titelornaments sagt eindeutig so etwas wie: hier beginnt das Reich de Veres, was sich auf den Verfasser der Werke beziehen kann, aber in einer für diese Edition typischen Doppeldeutigkeit zusätzlich auf die Herausgeber der Edition: die Grafen von Pembroke (Herbert war verheiratet mit de Veres jüngster Tochter Susan und also auch ein Mitglied der Familie).

Quellen

the still-vext Bermoothes

Look into any Angle of the towne, (the Streights, or the Bermuda's)…, and how do they entertaine the time, but with bottle-ale, and tobacco? (Ben Jonson, J/G 42)

Ab dem 19. Jahrhundert, „When source-hunting was fashionable« (Bullough, J/G 40), wurden Quellen gesucht, die erklären sollten, woher Shakespeare die Inspiration oder das Wissen über die nautischen Ereignisse des Stückes und insbesondere die Bedeutung des Wortes *Bermoothes* haben konnte. Von den Kandidaten für diesen vermuteten Wissenstransfer ist heutzutage nahezu nichts übriggeblieben, was man z. B. bei J/G im Detail gut belegt nachlesen kann. Auch die umfangreichen Studien zum Thema von Kositsky/Stritmatter oder Nina Green machen sich sehr viel Mühe mit der Widerlegung des Quellencharakters hauptsächlich eines Briefes aus dem Jahre 1609 (gedruckt allerdings erst 1625). Peter Moore sagt auch zu diesem Thema das Wesentliche:

»Doch benötigte Shakespeare diese Quellen eigentlich? Der schlechte Ruf der Bermudas stand bereits im sechzehnten Jahrhundert fest; der Schiffbruch des Heiligen Paulus bei Malta gibt eine bessere Quelle für *The Tempest* ab als jedes einzelne der Bermuda-Pamphlete oder alle mitsammen, und Richard Hakluyts beliebtes Buch über seine Forschungsreisen darf hier auf keinen Fall außer Acht gelassen werden. Bermudas Ruf in Hinblick auf Stürme, Wracks und Geister war Volksgut, lange bevor *The Tempest* geschrieben wurde.« (NSJ IV, 52)

Auch eine von Kositsky/Stritmatter herangezogene neue Quelle, Peter Martyr's *De Orbe Novo* (1530), weist ein paar Wortübereinstimmungen wie »tortyose«, »monster of the sea« (J/G 43f.) auf; ob dies für *Der Sturm* relevant war, ist jedoch kaum nachweisbar. Vielleicht um Moores Wort vom Volksgut (common knowledge) mit »Seemansgarn« zu erläutern? Sehr viel amüsanter und aufhellender ist da immer noch das auch schon Ben Jonson (s.o.) bekannte Synonym für das Londoner Kneipenviertel: die ganze Anspielung wäre dann nur ein Wortwitz (Roe 1989).

Weitere Quellen

Bei nüchterner Betrachtung weicht die vermutete aber fast nirgendwo belegbare »neue Welt« im Stück weit zurück gegenüber einem Bereich, in dem sich Shakespeare bekanntlich sehr gut auskannte: der klassischen Antike. Über gelehrte Anspielungen auf Vergils *Aeneis* (Karthago/Tunis und Dido) machen sich die Höflinge in II.i lustig. Dies verdeckt, daß die Handlung des Stückes als »a formal and rigorous rhetorical imitation of the narrative kernels of *Aeneiad*, 1-6« (Hamilton, L/G 44) angesehen werden kann. Die Parallelen zu Vergil gehen aber noch weiter: König Alonso – wie Roe exakt nachgewiesen hat – segelt die selbe Strecke wie Aeneas (s. Anm. zu I, ii, 275) und gerät wie jener beim Passieren der Äolischen Inseln in einen Sturm, den ihm Äolus auf Junos Bitte bereitet, und der zweifellos als Vorbild für *Der Sturm* geeignet ist:

Aiolos sagte darauf: »Dein Amt, o Königin, ist es,
Was dir gefällt zu prüfen: doch meins, zu tun, was befohlen.
Was ich an Herrschergewalt nur besitze, das Zepter und Iovis

Gunst – ich verdanke sie dir; du riefst mich zum Mahle der Götter,
Setztest mich ein zum Herrscher des Regengewölks und der Stürme.«
Sprach's und stieß mit gewendetem Speer in die Seite des hohlen
Berges, und sieh, wo das Tor sich öffnet, da stürzen die Winde
Wie zum Kampfe heraus und durchwehn im Wirbel den Erdkreis.
Werfen sich flugs auf das Meer, und tief vom untersten Grunde
Wühlet der Ost es auf und der Süd, und mit wetternden Stößen
Africus, weit zum Strand aufwälzend gewaltige Wogen.
Bald auch erhebt sich der Männer Geschrei und das Knarren der Taue.
Plötzlich verhüllet Gewölk vor den Augen der Teukrer des Himmels
Licht und den Tag, und schwarz legt über die Fluten die Nacht sich.
Donner erkracht vom Pol; rings zuckt von Blitzen der Aither:
Alles bedroht handgreiflich mit Tod und Verderben die Männer.
Eisiger Schrecken durchbebet sofort dem Aineias die Glieder,
Und tief seufzend erhebt zu den Sternen empor er die Arme, ...
Da er noch also sprach, da schlägt mit zischender Windsbraut
Ihm in die Segel der Nord und empört zu den Sternen die Fluten.
Fort sind die Ruder geknickt; um dreht er den Bug und den Wellen
Gibt er die Seite, worauf jäh schwellend ein Wassergebirg folgt.
Hoch auf dem Kamme der Flut schwebt der, dem zeiget die Woge,
Tief sich spaltend, den Grund, es rast im Sande die Brandung.
Dreimal reißt ihn im Wirbel der Süd auf verborgene Klippen,
Klippen inmitten der Flut, die der Italer nennt »die Altäre«,
Die, ein gewaltiger Rücken, dem Meer nah ragen; der Ostwind
Treibt drei Schiff' auf die Bank und die Syrten – entsetzlicher Anblick! –,
Haut in den Grund sie hinein und umwallt ringsum sie mit Triebsand.

Eins, das die Lykierschar und den treuen Orontes ihm führte,
Trifft die unendliche Flut von oben, ihm selbst vor den Augen,
Grad auf den Spiegel; es fliegt von dem Stoß kopfüber der Schiffer
Jäh umschlagend hinab; doch das Schiff dreht selbst auf der Stelle
Dreimal der Schwall rundum, und der reißende Wirbel verschlingt es.
Hier und dort nur sieht auf verödetem Schlunde man Schwimmer,
Waffen von Männern, Gebälk und troische Schätz' in den Wogen.
Jetzo bewältigt der Sturm Ilioneus' tüchtiges Fahrzeug,
Jetzo des tapfern Achates, des Abas, des greisen Aletes
Schiffe; denn sämtlich ziehn durch der Seiten gelockerte Planken
Feindlichen Regen sie ein und klaffen von Spalten zerrissen.
                                      (Vergil I, 75-123)

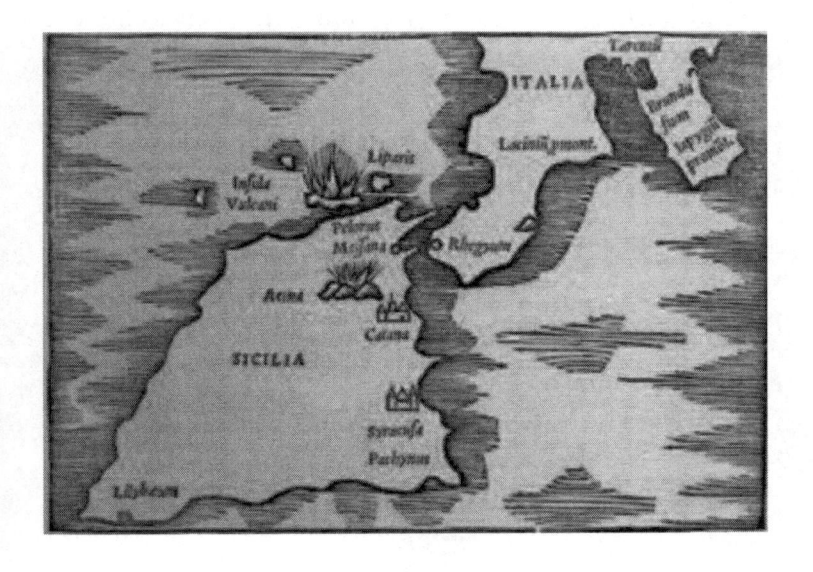

Jan Cole hat auf einige weitere antike Quellen hingewiesen, Solinus und Pomponius Mela, beide übersetzt von Oxfords Onkel Arthur Golding (derjenige, unter dessen Namen 1567 auch Shakespeares Lieblingsbuch, die Ovid-Übersetzung der *Metamorphosen* veröffentlicht wurde). Eine in diesen Bänden enthaltene Karte zeigt den Schauplatz des *Sturm*, was den Autor früh beeinflußt haben könnte:

»Interestingly, the same woodcut map appeared on page 57 of the Basle 1539 edition of Trogus Pompeius, the Latin text translated by Golding, first published in 1564 and dedicated to Edward de Vere.

Sir Thomas Smith, Oxford's tutor, had a copy of Solinus in his library... Solinus' *De mirabilibus mundi* was also in the library of John Dee (1527-1608), the mathematician and polymath often been regarded as a prototype for Prospero in *The Tempest*.« (Cole 1, 22)

Jan Cole weist ferner darauf hin, daß Ovid, der im 14. Buch der *Metamorphosen* die Erlebnisse des Aeneas bei den Äolischen Inseln nacherzählt, ihn bei der Weiterreise die Affeninsel Pithecusae (griech. pithekós = Affe), heute Ischia, passieren läßt, dessen verdammte Bewohner ein Urbild des Caliban (dem Prospero die Sprache beibrachte) abgegeben haben könnten:

Die beinahe verbrannt die junonische Iris, die Schiffe
Löst er darauf und verläßt bald Äolus' Reich, wo von Schwefel
Dampft der erhitzte Grund, und den felsigen Sitz der Sirenen,
Die Achelous gezeugt; und die Barke, des Lenkers verlustig,
Fährt an Inarime hin, an Prochyte und Pithecusä,
Die nach den Wohnern benannt sich erhebt als magerer Hügel.
Denn der Unsterblichen Haupt, dieweil ihm verhaßt der Cer-
    copen

Falscher und treuloser Sinn und des tückischen Volkes Vergehen,
Wandelte einst in häßlich Getier die Gestalten der Männer,
Daß sie dem Menschen zugleich unähnlich und ähnlich erschienen.
Kürzer verengt' er den Wuchs und stülpte nach oben die Nase
Ab von der Stirn und grub in das Antlitz ältliche Runzeln;
So nun, über den Leib mit bräunlichen Haaren bekleidet,
Setzt' er sie auf dies Land. Erst aber benahm er die Sprache
Und den Gebrauch der allein zum Meineid tüchtigen Zunge;
Nur das Vermögen blieb, zu klagen mit heiserem Winseln.
(XIV, 85-100)

Eine weitere (wohl die einzige weitere wirklich konkrete) Quelle des *Sturm* ist ja Montaignes Traktat *De Cannibales* (vgl. Anm. zu II, i, 153ff.), ein Einsprengsel zur Charakterisierung des alten Höflings Gonzalo. Für die zahlreichen Diskurse zu Kannibalismus, Sklaverei, ›Neuer Welt‹ etc. sind all diese vermeintlichen Quellen aber ohne greifbare Aussagekraft.

Eine spürbare Beeinflussung fand auch in diesem Stück wieder einmal durch die *Commedia dell'Arte* statt; die Personen des Stücks lassen sich umfassend den Standardfiguren jener Komödienform zuordnen (J/G 48f.):

Pantalone (eitel, reich und alt)	Alonso
Fausto/Sireno (verlorener Sohn)	Ferdinand
Coviello, sein Diener	Gonzalo
Gratiano (alt, reich, anmaßend)	Antonio
Elpino (Gratianos Sohn)	erwähnt I.ii.511
Bertolino (untreuer Diener)/Zanni	Stephano, Trinculo
Filli/Clori (verliebte Tochter)	Miranda
Amarilli (verliebte Einheimische)	(Miranda)

Selvaggio (wilder Mann)	Caliban
Zauberer	Prospero
Dämon/Geister	Ariel
Löwe	erwähnt II.i.346
Götter	Iris, Ceres, Juno

Wäre der Einfluß der *Commedia dell'Arte* Looney bereits bewußt gewesen, wäre sein Verdikt vielleicht milder ausgefallen, denn was er beschreibt ist eine Charakteristik einer anzunehmenden Frühfassung des Stückes: »its author was solicitous regarding the lighter side of the play; and so when fun and some relief from stage display is sought, the play makes its appeal to the grotesque, coarse, and ludicrous, drawing almost the whole of the laughter it contains from drunken buffoonery.«

Die Aufführungen

Eine Aufführung, von der nur der Titel und sonst nichts bekannt ist, sagt überhaupt nichts aus über ein Jahrzehnte später aus dem Nachlaß des Verfassers gedrucktes Stück, es sei denn man verwendet implizite Annahmen wie »das Stück wurde zur Aufführung am ... geschrieben«, »der gedruckte Text beruht auf dem Textbuch zur Aufführung von ...« etc. Nichts davon ist faktengestützt, alles (ständig wiederholte, unendlich variierte) Spekulation.

Auf der anderen Seite steht das Bedürfnis des Publikums (d. h. der Minorität der gebildeten Leserschaft, deren Anteilnahme über das Stück hinaus sich auf dessen Entstehung erstreckt) nach schlüssigen »Geschichten«. Der Wettbewerb, dies zu bedienen, hat bei *Der Sturm* früh eingesetzt und noch längst nicht aufgehört.

Vermutungen, daß die Geschichte der Aufführungen von Shakespeares Stücken zusätzlich angereichert wurde durch gefälschte Dokumente, sind gut belegt. Deren groteske Geschichte ist ausführlich nachzulesen in Robert Detobels Aufsatz »Eine Chronologie! Eine Chronologie! Mein Pferd für eine Chronologie!«, der sich hauptsächlich auf Forschungen Samuel A. Tannenbaums stützt.

»Die Rechnungsbücher des Amtes für Hoffestspiele, im folgenden mit dem englischen Wort *Revels Accounts* bezeichnet, gehören zu den wichtigen Quellen der Shakespeareforschung, weil sie Angaben über Auftritte von Schauspielerensembles bei Hofe und Zahlungsanweisungen an sie enthalten. Für die Datierung von Bühnenstücken bieten sie einen terminus ad quem, eine Spätestens-dann-Aussage. Solche über jeden Zweifel erhabenen Bücher existieren für die elisabethanische Zeit. Mehrere, jedoch nicht alle dieser Bücher enthalten auch Listen der aufgeführten Stücke, und zwar für die Jahre 1571, 1573, 1576, 1578, 1580, 1581, 1582 und 1584, grob gesprochen für die erste Hälfte der Regierungszeit Elisabeths I. Sie fehlen für die zweite Hälfte, für Shakespeares Zeit also. In keinem einzigen Fall ist der Name eines Autors erwähnt. Sie fehlen für die ganze Regierungszeit Jakobs I (1604-1625). D.h.: sie fehlten bis 1842. In jenem Jahr wurden zwei dieser Bücher gefunden. Gerade die ersehntesten! Es war, als hätte ein Blitzschlag zwei Kerzen in einem Weihnachtsställchen zum Leuchten gebracht, Kind, Krippe und Stroh aber umsichtig vermieden. Die beiden Kerzen: die Weihnachtsspielzeiten 1604/5 und 1611/12. Ihre überragende Bedeutung für die orthodoxe Chronologie liegt auf der Hand: sie bilden die einzige ›äußere Evi-

> denz‹ für die Datierung der späteren Stücke, insbesondere für *Othello*, *Maß für Maß* und den *Sturm*. In diesem Fall war ein junger Mann namens Peter Cunningham der Heilsbringer. Doch hinter ihm zeichnet sich der Schatten des John Payne Collier ab. Die Authentizität dieser Bücher war vom Anfang an umstritten. Heute besteht darüber Konsens, daß sie authentisch sind. Doch dieser Konsens ist vielleicht weniger ein Echtheitsnachweis denn eine Heiligsprechung, eine Colliersche Schenkung, bei aller Berücksichtigung der Dimensionen der Konstantinischen Schenkung vergleichbar, insofern sie der Herrschaftssicherung eines Glaubens dient.« (114)

Das Ganze ist an Absurdität kaum zu überbieten, z. B. was den in den *Revels Accounts* mehrfach wiederholt verwendeten Namen »Shaxberd« betrifft:

> »Außerdem war da auch noch die selbst für die damalige Zeit befremdende Schreibweise Shaxberd. Der Name Shakespeare findet sich zwar in den verschiedensten Schreibweisen, doch immer werden dabei gewisse phonetische Regeln eingehalten. Das stimmhafte Endungs-d von Shaxberd erweckt den Verdacht, daß hier einem diesmal nicht das Pferd, sondern die Luft durch den Kehlkopf durchgegangen sei: ›In über hundert Fällen, in denen der Familienname des Dichters zwischen 1550 und 1630 erwähnt wird, findet sich einmal ›Shaxber‹ und zweimal ›Shaxbeer‹, nicht ein einziges Mal aber mit einem *d* am Ende. Die bart-schüttelnde Variante des Namens kommt ausschließlich in diesen Revels Accounts vor‹«. (117, Zitat Tannenbaum)

Wie dem auch sei, Detobels auch an die Oxfordianer gerichtete Warnung »Besser stützt man überhaupt nichts auf diese *Revels Accounts*.« (116) ist immer beherzigenswert, wird aber fast nie beachtet. Stritmatter bedient sich bedenkenlos folgender Passage (die dadaistische Orthographie hier einmal in voller Schönheit):

On Shrousunday A play of the Marthant of Veins	Shaxberd
On Shroumonday A Tragidye of the Spanishe Maz:	
On Shroutuesday A play cauled The Marchant of Venis againe comaunded by the Kings Majestie.	Shaxberd

Unter dem Titel *The Spanish Maze* ließe sich schon *Der Sturm* verstecken, aber diese Quelle ist zu suspekt, und was hätte man letztlich außer dem früheren Datum (auf das man auch verzichten kann) hieraus gewonnen?

So ist dem, was Looney bereits 1920 feststellte, eigentlich nichts hinzuzufügen:

»In Bezug auf ›The Tempest‹ scheint die einzige maßgebliche Tatsache zu sein, daß sich unter den Stücken, die 1613 zur Feier der Ehe zwischen der Prinzessin Elisabeth und dem Kurfürsten Friedrich aufgeführt wurden, ein Stück dieses Namens fand. Es gab jedoch einen gefälschten Hinweis, der es in Verbindung mit dem Jahr 1611 bringt; und da der Bezug auf 1613 es fast außerhalb der Shakespeare-Periode ansiedelt, scheint jener Hinweis wie ein Versuch, es aus irgendeinem Grund innerhalb des üblichen Zeitraums zu halten.« (Übersetzung U. L.)

Authentizität

Bei der Diskussion um *Der Sturm* treffen sich zahlreiche Aspekte der gesamten Shakespeare-Debatte und streiten wie bei einer Familienfeier miteinander. Ein Aspekt nennt sich »Spätstil«, wobei unter der vorgegebenen Annahme, daß das Stück ein »Schwanengesang« sei, verschiedene inhaltsbezogene Betrachtungen geboten werden, die zumeist mehr oder weniger devot ehrfürchtig ausfallen – sehr viel weniger etwa bei Walter Klier, der das Stück »langatmig, geschwätzig, undramatisch, verschwurbelt poetisch« fand (NSJ IX, 181), aber damit nicht immer auf Gegenliebe stoßen wird.

Was aber hätte man denn für Anhaltspunkte, wenn man das Datum 1611 einmal wegdenkt; gibt es auch objektivierbare Kriterien, etwa stilistischer Art? An dieser Stelle sollte man kurz die zahlreichen stilometrischen Versuche erwähnen, die ja bei *Der Sturm*, wenn das Stück denn wirklich so singulär spät dastünde, irgendein brauchbares Ergebnis liefern müßten. Gilvary führt einige im Anhang auf: Metrische Tabellen (nach Chambers), in denen Versformen und -besonderheiten gezählt werden, sprachliche Eigenheiten (nach Wells & Taylor), bei denen Wendungen wie »i'th'«, »'em« etc. gezählt werden. Die Ergebnisse sind (alle methodischen Schwächen des Verfahrens einmal außer acht gelassen) eigentlich sehr verwirrend; *Der Sturm* findet sich durchweg irgendwo im Mittelfeld (man kann auch Niemandsland sagen).

Was sich in diesen Untersuchungen überhaupt nicht findet, ist die Berücksichtigung der Mitwirkung späterer Editoren (oder, noch sehr in Mode, »Ko-Autoren«), deren Einfluß man andererseits sehr herauszustreichen bemüht ist. Dabei ist es doch auffallend, daß alle als »spät/sehr spät« eingestuften Werke zuerst 1623 im Druck erschienen. Diese hätte man doch aus der Betrachtung herauslassen müssen, da kein authentischer Text vorliegt. Aber so genau wollte es letztlich keiner wissen, stattdessen wurde grob wie folgt verfahren: *Der Sturm* als unerläßlicher Anker bei 1611 festgemacht, der vermeintlich verwandte *Cymbeline* kurz davor; nur noch *Heinrich VIII.* durfte das Werk nach hinten abrunden. Dieser wurde früh als apokryph angesehen; neuerdings versucht man dies auch bei *Timon*, *Macbeth* und *Maß für Maß*, nur *Der Sturm* blieb sakrosankt.

Ein Sakrileg hat nach verbreiteter Ansicht John Thomas Looney begangen, als er in einem Anhang seines Buches *Der Sturm* als unauthentisch verwarf: »In the case of ›The Tempest‹ we believe that the entire drama must be given over to those who were engaged in finishing off ›Shakespeare's‹ plays.« Nun sind die Argumente Looneys jedoch keinesfalls so offensichtlich widersinnig, wie seine zahlreichen Gegner behaupten. Die ausufernden Bühnenanweisungen etwa (insbesondere am Ende des Stücks) sind unbestreitbar untypisch und können daher als unauthentisch angesehen werden. Looneys stärkster Einwand ist aber der Hinweis auf die Mängel in der Versifikation. Verse wie die folgenden (nebst zahlreichen anderen Beispielen, vgl. Anmerkungen) sind nicht auf dem Niveau Shakespeares, es handelt sich vielmehr um versifizierte Prosa:

Mira. If by your Art (my deerest father) you **haue**
　Put the wild waters in this Rore; alay them: (I, ii, 3f.)

　It should the good Ship so haue swallow'd, **and**
　The fraughting Soules within her. (I, ii, 14)

Die Hypothese Looneys, »that these dramas [ebenfalls *Cymbeline*] existed first as stage plays with a larger proportion of prose, and were subsequently converted into poetic literature; the later works having to receive their versification from strange hands«, die bisher noch nie ernsthaft untersucht wurde, ist eine hilfreiche Konstruktion zur Entschlüsselung der komplizierten Entstehungsgeschichte des *Sturm*, wie sie sich aus zahlreichen Indizien unter Berücksichtigung der Oxfordianischen Grundthese rekonstruieren ließe. Daß Looney etwas überhastet »das ganze Drama in fremde Hände übergibt« zwingt auch zum Nachdenken darüber, was denn an dem Stück wirklich ein essentielles Shakespeare-Drama ist. Der gängige Mythos vom Schwanengesang (zu dem dann auch Spekulationen über Altersschwäche und Spätstil gehören), in verschiedenen Varianten gerne auch von Oxfordianern weitergesponnen, steht einem solchem Nachdenken immer noch sperrig im Wege.

Zur Entstehungsgeschichte

Ein Stück gilt als echt, wenn sich in ihm autobiographische Aspekte wiederfinden lassen, d. h. wenn es zumindest in Teilen kongruent ist mit dem dokumentierten Bild des Verfassers, das uns aus seinen anderen Werken und wiederum deren Realien bekannt ist. Von Edward de Vere wissen wir, daß er in den Jahren 1575/76 Italien und andere Länder bereiste; ein Aufenthalt in Palermo (NSJ V, 62) ist belegt. Die Lokalisierung der Insel Vulcano als Schauplatz des *Sturm* aufgrund einzigartiger geographischer Besonderheiten und ihrer Tier- und Pflanzenwelt durch Richard Paul Roe (s. die Anmerkungen zum Text) ist kaum bestreitbar. Hinzu kommt, daß Oxford aufgrund seiner klassischen Bildung und Liebe zu Vergil und Ovid es nicht versäumt haben wird, bei seiner Sizilienreise auch die Äolischen Inseln aufzusuchen; er hat also das besondere Lokalkolorit, was den *Sturm* auszeichnet, schon früh selbst erlebt.

Es ist naheliegend, sich die Entstehung der ersten Shakespeare-Stücke so vorzustellen, daß sie über Jahrzehnte hin immer wieder, ja theoretisch bei jeder Vorstellung verändert werden konnten. Dazu paßt perfekt das Konzept der *Commedia dell'Arte*, die von dieser Improvisation lebt. *Der Sturm* enthält sehr viele Elemente dieser Komödienform, ebenso wie *Othello*, *Love's Labour's Lost* und zahlreiche andere Komödien, deren erste Anfänge ebenfalls in den späten 1570er Jahren anzusetzen sind.

Wann könnte so eine Frühversion zuerst aufgeführt worden sein? Sehr interessant und zu weiteren Spekulationen anregend ist hier ein Bericht des französischen Botschafters de Mauvissier über eine Aufführung am Hofe vom 3. März 1579, dargeboten u. a. von Oxford selbst:

»... eine schöne Komödie, die mit einer Hochzeit endet. Dann erschien ein Schiff vom äußersten Ende des großen Saales, wo sich Oxford und Sussex befanden, wie auch drei oder vier junge Herren, die daran gingen, einen Schiffbruch mitten im Saal darzustellen, der damit endete, dass sie ein schön gestaltetes Ballett aufführten: sie nahmen die vorhin erwähnte Königin in ihre Mitte, die mit von der Partie war, wie man wohl ohne Zweifel annehmen kann. Sie machten ihr und einigen Damen sehr kostbare Geschenke, von dem was vom Schiffbruch übrig war; schließlich löste sich alles in Worte von Liebe und Heirat auf, um schöne Liebesbande zu knüpfen und den Rest dieses Lebens in Vergnügen und Ruhe zu leben.« (G. Wagner; der Hinweis stammt von Kurt Kreiler)

Die Vermutung, daß das stilistisch stark abweichende Maskenspiel am Schluß aus diese frühe Auffürung zurückgeht, ist natürlich sehr naheliegend. Hier paßt die Feststellung von Johnson/Gilvary, daß alle relevanten Quellen (einschließlich Montaigne, der allerdings auch später hinzugefügt sein könnte) bereits 1580 vorlagen.

Interessant für eine sehr frühe Entstehung ist außerdem die Geschichte des berühmten John Dee, so etwas wie ein englischer Dr. Faustus seiner Zeit:

»John Dee (1527-1608), the mathematician and polymath often been regarded as a prototype for Prospero in *The Tempest*. From 1581, Dee had been engaged in the practice of summoning angelic spirits, particularly one called ›Uriel‹, with the aid of a crystal sphere, an obsidian mirror, symbolic talismans and, of course, his books. In 1583-84 Dee left England for Prague and the court of Rudolph II, who professed a keen interest in the occult arts. Dee records several disturbing dreams about his books being stolen (on one occasion the dream thief was William Cecil!). Indeed, while he was on the continent, several persons broke into his house and stole many books.« (Cole 1)

»John Dee stand sicher Modell für Prosperos Interesse an Magie und vor allem für seine Bibliophilie und Wißbegierde. Er war astrologischer Berater Elisabeths und unterwies die englischen Kapitäne in Mathematik und Navigation, Oxford hatte mit ihm intensiven (persönlichen und brieflichen) Kontakt. Als Dee 1583

England verließ, um sein Glück bei anderen Potentaten zu suchen, war sein Einfluß auf Elisabeth und Cecil zu Ende; er kam nach seiner Rückkehr nach England, 1589, nicht wieder zu Ansehen, Einfluß oder Vermögen.« (G. Wagner)

Dees Verwendung als Komödienfigur wäre also sowohl vor 1583 als auch nach seiner Abreise aus England (ab 1589) denkbar.

Richard Paul Roe vermutet, daß sich in Prospero die Züge Francesco de Medicis spiegeln, der ebenfalls wie Dee sich dem Bücherstudium hingab, allerdings nicht verbannt wurde, sondern von seinem usurpatorischen Bruder Ferdinand mitsamt der dämonischen Bianca Capello 1587 (wie schon damals vermutet wurde) durch Gift ermordet wurde. Beide Figuren könnten sich allmählich oder von Anfang an vermischt und überlagert haben; als John Dee nicht mehr aktuell war, kam Francesco de Medici ins Spiel. Zusätzlich ist auch William Cecil assoziierbar (vgl. Anm. zu I, ii, 31); alle drei Figuren waren wohl weniger Identifikationsfiguren als Spielfiguren für Oxford.

Addiert man die bisher angedeuteten Elemente, ergeben sie schon fast das gesamte Stück: die Zauberinsel mitsamt dem Zauberer und einigen weiteren typischen Personen, als Zusatzattraktion den wilden Mann und den Geist.

Looney bemerkt zurecht: »Es scheint unglaublich, daß es in der frühen Shakespeare-Zeit geschrieben und inszeniert worden sein könnte, ohne eine Spur zu hinterlassen, und es ist sehr unwahrscheinlich, daß ein solches Stück geschrieben wurde und viele Jahre lang unaufgeführt bleiben durfte, wenn man berücksichtigt, daß es ausgeprägtere Inszenierungselemente enthält als in jedem anderen

›Shakespeare‹ zugeschriebenen Stück.« Er irrt allerdings mit der Annahme, daß es solche Spuren nicht gibt. Eine sehr konkrete Spur führt zu Jakob Ayrer.

Wie Gerold Wagner in seinem kurzen Refererat (s. u., S. 210ff.) darlegt, könnten aus der Grobversion der *Schönen Sidea* Ayrers (so ähnlich müßte man sich wohl ein Schauspiel vorstellen, das der Stratforder Shakespere selbst verfaßt hätte) einige vorsichtige Rückschlüsse auf die ursprüngliche Form des *Sturm* gezogen werden, wenn dies denn sorgfältig genug geschieht. Vielleicht sollte man zusätzlich noch Lylys *Gallathea* (1585) danebenstellen, bei dem Robert Detobel »einige bemerkenswerte strukturelle Parallelen« sieht.

Das Echo (Bühnenecho) dieses frühen *Sturm* bei Marlowe (vor 1593) und Ben Jonson (vor 1598) bestätigt die Präsenz des Werkes in den 1590er Jahren, in denen Oxford seine Werke zunehmend überarbeitete und zum Druck freigab. Der *Sturm*, so kann vermutet werden, war vorerst nicht dabei. 1599 wären jedoch alle Voraussetzungen dagewesen, aus einer Stegreifkomödie ein etwas sentimentales Stück für eine Hochzeitsfeier zu machen: Seit dem »Verschwinden« Medicis waren ebenso etwa 12 Jahre vergangen wie seit Oxfords Witwerschaft, und die Hochzeit seiner Tochter Bridget am 28. April 1599, kurz nach ihrem 15. Geburtstag, hätte einen Anlaß abgegeben. Die kühle autobiographische Komponente (»she said thou wast my daughter«, I, ii, 70), die zum wohl distanzierten Verhältnis Oxfords zu Bridget passen würde, ist nur noch eine schwache Reminiszenz zu den alten Ehe- und Eifersuchtsdramen mit Anne Cecil, die jedenfalls nicht (wie in *Othello*, dem *Wintermärchen*, *Cymbeline* etc.) den emotionalen Kern dieses Stückes ausmachen.

Wahrscheinlicher und besser belegt ist folgender Ansatz zur Erklärung der »Hochzeitsstory«: Als Friedrich V. von der Pfalz 1613 Jakobs I. Tochter Elisabeth heiratete, suchten Oxfords literarische Erben möglicherweise nach einem wenig oder gar nicht bekannten Shakespeare-Stück, das die Vertreibung eines Fürsten aus seiner Heimat einen von ferne auf die Insel kommenden Prinzen (Anspielung auf Friedrich) und dessen Heirat mit der Tochter des Inselbeherrschers zum Inhalt hatte, änderten und aktualisierten es und führten es auf. Es wäre möglich, daß die Bearbeiter auch aktuelle Ereignisse darin verarbeiteten. So könnte das »Spätwerk« Shakespeares noch zu Lebzeiten Shakspres entstanden sein.

Gestützt wird diese Hypothese durch die pompöse Bühnentechnik am Ende des Stückes (und auch in Szene I, i). Eine Bühnenanweisung wie »Ariel in Gestalt einer Harpye breitet die Schwingen über dem Tisch aus, und mittels einer versteckten Vorkehrung verschwindet das Bankett« hätte man im Globe nicht umsetzen können. Hier ist der Einfluß Inigo Jones spürbar, der, nach seiner Rückkehr nach England 1605 zum königlichen Bühnengestalter ernannt, zahlreiche Maskenspiele inszenierte und dafür wichtige bühnentechnische Neuerungen einführte. Spezialist für die literarische Seite dieser »masques« war Ben Jonson, der diese seit der Herrschaft James I. in großer Anzahl schrieb. Hofmusiker wie Robert Johnson, dessen *Tempest*-Vertonungen erhalten sind (und der ca. 1610-17 für die King's Men komponierte), waren die Dritten im Bunde bei der Ausgestaltung neuer und alter Stücke zu höfischen Gesamtkunstwerken.

Dem Stück merkwürdig aufgesetzt wirken auch die Götterszenen des letzten Akts; ob hier sehr alte Texte

Oxfords hinzugemischt wurden (s.o.) sollte ebenfalls einmal untersucht werden. Die ironische Anspielung Ben Jonsons im Jahre 1614 auf »such-like drolleries« wie »tempests« (vgl. II, iii, 31) kann auch als selbstironisches Geständnis verstanden werden, daß dem eher rauhen alten *Sturm* solche Nettigkeiten angehängt wurden.

Bei der Folioausgabe von 1623 ist man (wieder einmal war Ben Jonson dabei) dann zumindest im Falle des *Sturm* von dem Prinzip, sich an die »true copies« Shakespeares zu halten, abgewichen. Das Stück war ja schon sehr ›offiziell‹, also wollte man die redaktionellen Änderungen von 1613 wohl nicht mehr zurückschrauben. Daß es zusätzlich durch die Positionierung an den Anfang der Edition hervorgehoben wurde, kann als ein Signal gewertet werden, daß diese Art der postumen Aneignung jetzt im Vordergrund als Shakespeare-Mythos weitertradiert werden soll; die versteckte Zuweisung an de Vere durch das Titelornament wäre dann ein Hinweis auf den Hintergrund der Geschichte.

Wo und wie nun in dieser verwickelten Geschichte (bei der es bestimmt noch einige weitere Knoten zu entwirren gibt) Caliban, der sich mittlerweile in der Rezeptionsgeschichte fast zum Haupthelden des Stückes gewandelt hat, zu verorten ist, kann kaum nachvollzogen werden. Nimmt man den Hinweis auf Ovids Affeninsel Pithecusae auf, gehört er zum imaginativen Urkern des Stückes, ein phantastischer, naturnaher Herr der Insel inmitten der theatralischen Natur der menschenleeren Insel Vulcano von 1576.

Uwe Laugwitz

Literatur

(OE) William Shakespeare: The Tempest. Edited by Stephen Orgel. London 2008 (The Oxford Shakespeare)

(Bird) Charles Bird: Shakespeare und der ›Caleygreyhound‹. *Neues Shake-Speare Journal* 5, 2000, S.109-116

(Chiljan) Chiljan, Katherine: Shakespeare Suppressed. San Francisco 2011

(Cole 1) Cole, Jan: Prospero's Island in Golding's 1587 translation of the ancient geographer, Solinus. *De Vere Society Newsletter* July 2013

(Cole 2) Cole, Jan: An unnoticed source for Prospero's Island and for Caliban in Golding's translation of Ovid's Metamorphosis. *De Vere Society Newsletter* October 2013

(Detobel) Detobel, Robert: Eine Chronologie! Eine Chronologie! Mein Pferd für eine Chronologie! *Neues Shakespeare Journal* 2, 1998, S. 81-138

(J/G) Johnson, Philip/Gilvary, Kevin: The Tempest. In: *Dating Shakespeare's Plays: A Critical Review of the Evidence*. Tunbridge Wells 2010.

(Kositsky/Stritmatter) Stritmatter, Roger/Kositsky, Lynne: The Spanish Maze and the date of The Tempest. *The Oxfordian* Volume X 2007

(Looney) Looney, John Thomas: ›Shakespeare‹ Identified in Edward de Vere, Seventeenth Earl of Oxford. New York/London 1975

(Magri) Magri, Noemi: Such Fruits of Italy. Buchholz i. d. N. 2014

(Moore 1) Moore, Peter R.: The *Tempest* and the Bermuda Shipwreck of 1609. *Shakespeare Oxford Newsletter* Summer 1996

(Moore 2) Moore, Peter R.: The Lame Storyteller, Poor and Despised, Buchholz i. d. N. 2009
(NSJ) *Neues Shake-speare Journal*, Buchholz i.d.N. 1997ff.
(Ovid) Ovid: Metamorphosen. Übersetzt von Reinhart Suchier. München 1973
(Roe) Roe, Richard Paul: The Shakespeare Guide to Italy. New York 2011.
(Vergil) Vergil: Aeneis. Deutsche Übersetzung v. W. A. B. Hertzberg). www.gottwein.de/
(G. Wagner) Wagner, Gerold: Veröffentlichungen in Vorbereitung für *Neues Shake-speare Journal* N.F. 6

Jakob Ayrer

Geboren 1543 in Nürnberg, lebte seit 1570 in Bamberg, kehrte 1593 nach Nürnberg zurück. Studierte Theologie und Jura, konnte Latein und Griechisch, aber kein Englisch. War in Bamberg und in Nürnberg am Stadtgericht als Notar- und Stadtgerichtsprokurator tätig, bis zu seinem Tode am 24. 3. 1605. Es gibt keine Hinweise, daß er danach Nürnberg jemals verlassen hat.

Angeregt, aber nur mäßig beeinflußt durch die Nürnberger Theatertradition Hans Sachs' schrieb er zwischen 1593 und 1602 über hundert Schauspiele (also ein Vielschreiber), von denen 69 erhalten sind: Tragödien, Komödien, Fastnachts- und Singspiele. Sie wurden erst 1618 und nur zum Teil unter dem Titel *Opus Theatricum* von seinen Nachkommen veröffentlicht. Ein angekündigter zweiter Band erschien nie.

Seine Vorlagen stammen aus römischer Geschichte (z.B. den *Gesta Romanorum*), deutscher Heldensage, griechischer Sage, Volksbüchern und Schwanksammlungen, beruhen aber auch auf Vorgängern (Hans Sachs, Frischlin, Kyd, Shakespeare)[1]. Die beiden letzten wurden ihm von den Englischen Komödianten vermittelt.

Uns interessieren natürlich die Stücke, die unter deren Einfluß entstanden sind. Diese sind ab 1593 vor allem in den größeren Städten Deutschlands tätig, bevorzugt in denen der westlichen Hälfte[2]. Sie lieferten Ayrer nicht nur die Stoffe, sondern regten ihn auch zu einer neuen Figur an, dem *Jan Bouset*, der »lustigen Person«, die der englische Clown Thomas Sackville geschaffen hatte.

Die Englischen Komödianten spielen in Nürnberg mehrmals zwischen 1593 und 1602. Nach Merker-

Stammler)³ hatten sie folgende Titel (ohne Nennungs eines Autors) in ihrem Repertoire: *Spanish Tragedy* (Kyd), *Mahomet und Hygrin* (Peele), *Much ado about nothing, Comedy of Errors, Tempest, Hamlet, Edward III.* (Shakespeare, aber schwerlich unter diesen Titeln), nach 1604 *Ungehorsamer Kaufmannssohn* (*London Prodigal*), *Pyramus und T(h)isbe* (*MSND?*), *Romeo und Juliette*, 1611 *Kaufmann von Venedig. Der Bestrafte Brudermord* (zum größten Teil identisch mit *Hamlet 1603*) wurde nach 1605 bearbeitet und fällt für unsere Überlegungen aus. Die Titel wechseln, da es Mode wird, das Stück nach den vornehmsten Personen zu benennen, aber auch, um neue Stücke vorzutäuschen.

Ihr Repertoire läßt auch Rückschlüsse auf den Theaterbetrieb im London der 1590er-Jahre zu. Alles in allem sind das ungewöhnlich viele Shakespearestücke.

Daß die Englischen Komödianten 1592 nach Deutschland kamen, haben wir Herzog Heinrich Julius von Braunschweig (1564-1613) zu verdanken. Er ist für ihren Werdegang in Deutschland von größter Bedeutung. Ohne ihn hätte Jakob Ayrer wohl nie die Schauspiele der Englischen Komödianten kennengelernt. 1590 heiratete Heinrich Julius (in zweiter Ehe) Elisabeth von Dänemark (Tochter Frederiks II.). Dadurch lernte er die Englischen Komödianten kennen, die sich damals – nach ihren ersten Aufenthalten von 1585/6 – wieder in Dänemark aufhielten, holte sie noch 1590 nach Wolfenbüttel und behielt von 1593 bis 1598 den Clown Thomas Sackville als Leiter einer eigenen Truppe am Hofe. Sackville ließ sich gegen 1598 als Handelsmann in Wolfenbüttel nieder, weswegen der Schauspieler Robert Browne⁴ 1596 die Führung übernahm.

»Die Truppe kommt mit englischen Empfehlungsschreiben unter Robert Brown, Thomas Sackeville und

John Bradsteed Herbst 1592 nach Frankfurt. Ein Teil tritt in den Dienst des Hessischen Hofes, der andere läßt sich für den Braunschweigischen werben unter der Leitung des Clowns Thomas Sackville (Jan Bouset). Als sich Sackville gegen Ende des Jahrhunderts von der Bühne zurückzieht und sich in Wolfenbüttel als Handelsmann und Agent des Hofes zusammen mit seinem Schwager Bradsteed niederläßt, übernimmt der 1596 aus England mit neuen Kräften zurückgekehrte Robert Brown die Führung, bis 1607«[5].

Da die Englischen Komödianten nur zwischen 1593 und 1602 in Nürnberg spielten, Jakob Ayrer aber 1605 starb, ist das Jahr 1602 der äußerste Terminus ante quem.

Charakteristik Jakob Ayrers

Um Ayrer mit seinen Vorlagen vergleichen zu können, muß man seine Arbeitsweise berücksichtigen. Er nimmt starke Veränderungen vor (vermutlich, um die Quelle zu verschleiern), er erweitert, verroht, vergröbert bzw. verunstaltet seine Vorlage inhaltlich und sprachlich auf primitivste Art und Weise, oft bis zur Unkenntlichkeit, indem er auch mehrere Vorlagen miteinander kontaminiert. Er entfernt aus seinen Vorlagen alles Poetische, vor allem die für Shakespeare typische Metaphorik, und hebt dabei das Derbgemeine hervor, denn es fehlt ihm völlig eine poetische Ader. Der Eindruck des Groben und Unpoetischen wird noch durch Prosa oder den schwerfälligen deutschen Knittelvers verstärkt. Man kann Ayrer schwerlich als »Dichter« bezeichnen, eher als einen naiven, grobschlächtigen Dilettanten. Am besten gelingen ihm noch die Clownsfiguren (*Jan Bouset* oder *Pickelhäring* (auch *-herring*), wo er seinen Hang zur Situationskomik ausleben kann.

Diese Stellen entbehren mitunter nicht eines gewissen Witzes.

Seine Änderungen betreffen: 1. die Grundstruktur und die zugrundeliegende Fabel, 2. den Ort der Handlung und 3. die Namen der Personen, ganz offensichtlich in der Absicht, die Vorlage unkenntlich zu machen. Was er nicht ganz beseitigen kann, sind manche Details der Fabel, und an denen kann man ihn festmachen.

Für uns sind zwei seiner Shakespeare-»Bearbeitungen« von Interesse: Die *Comedia von der schönen Phänicia* (*Much ado about nothing*), und die *Comedia von der schönen Sidea, wie es ihr bis zu ihrer Verheiratung ergangen,* kurz *Die Schöne Sidea* (*The Tempest*).

Die Vorlage ist nur an Einzelheiten zu fassen, die nicht anders als aus Shakespeares *Tempest* zu erklären sind (was die orthodoxe Philologie zur Annahme eines *Ur-Tempest,* geschrieben von einem Anonymus[6], zwingt). Diese sind:

a) zwei verfeindete Fürsten, von denen der eine (Prospero bzw. Ludolff) die Kunst der Magie praktiziert, um den Sohn des anderen in seine Gewalt zu bekommen,

b) beide Fürsten haben einen Geist in ihrem Dienst, durch dessen Macht die Waffen des Feindes wirkungslos gemacht werden,

c) eine Zuneigung zwischen der einzigen Tochter des einen Fürsten und dem gefangenen Sohn des anderen wird herbeigeführt, die schließlich zum Mittel der Versöhnung zwischen den beiden verfeindeten Familien wird (leiser Anklang an *Romeo und Julia*).

d) In beiden Dramen muß der gefangene Sohn des anderen Fürsten Holzscheite aufschichten, und

e) in beiden Dramen führt diese Szene zur gegenseitigen Zuneigung der beiden Kinder.

Manche Details sind nun zu eigentümlich, zu »ausgefallen«, um als gängige Allerweltsmotive erklärt werden und zufällig sein zu können. Es gibt darin sogar einige Märchenmotive (MM), die als sogenannte Wandermotive bei verschiedenen Völkern zu finden sind[8].

Höchstwahrscheinlich waren diese Motive schon in den zugrundeliegenden scenarii der *commedia dell'arte* enthalten, z. B. in *La Nave* (Schiff), *Il Mago* (Magier, Zauberer) oder *Tre Satiri* (drei Satyrn)[9], aber ihr Zusammentreffen mit dem Handlungsplot kann nicht zufällig sein; das spricht gegen eine gemeinsame Quelle (z. B. den anonymen *Ur-Tempest*).

Seit etwa 160 Jahren steht die Shakespeare-Philologie vor der unlösbaren Aufgabe, die Existenz einer Reihe von Shakespearedramen in den späten 1580er- und frühen 1590er-Jahren entweder mit einem viel zu jungen William in Verbindung zu bringen (der sich ohne Zweifel noch in Stratford aufhielt, ohne Bücher und sonstige Informationen) oder plausibel zu machen, daß ein Anonymus (oder mehrere) diese inhaltlich gleichen und wohl auch sprachlich gleichwertigen Ur-Dramen geschrieben hat.

Man kann die Grundidee der beiden Schauspiele zusammenfassend etwa so wiedergeben:

Ein Fürst, der aus seiner Herrschaft durch einen Rivalen vertrieben worden ist, zieht sich mit seiner einzigen Tochter in eine Einöde zurück, widmet sich magischen Künsten und nimmt freundliche Geister in seine Dienste (MM). Mit deren Unterstützung bemächtigt er sich des Sohnes seines Feindes (MM), der sich seinem Zufluchtsort zufällig nähert. Der junge Mann muß der Tochter des Vertriebenen begegnen (MM), woraus eine Liebesbeziehung entsteht, die glücklich endet (MM). Der vertriebene Fürst wird wieder in seine Herrschaft eingesetzt (MM).

Zu diesen übereinstimmenden Motiven kommen noch Einzelheiten (die teilweise auch Wandermotive sein mögen), etwa daß der Fürst seinen degenziehenden Widersacher durch Zauberei bannt, oder daß der Sohn des Widersachers Holz schleppen muß, und das unter den Augen des mitleidigen Mädchens. Das Trommeln und Pfeifen Jan Molitors, der lustigen Person, entspricht annähernd der Musik Ariels.

Es gleichen sich aber die Hauptpersonen: Prospero = Ludolff, Alonso = Leudegast, Ferdinand = Engelbrecht, Miranda = Sidea. Caliban ähnelt leicht der »lustigen Person« Jan Molitor. Ayrer verlegt – als Binnenländer – die Handlung in einen Wald (auch um von der Insel abzulenken) und verknüpft sie mit historischen Geschehnissen in Litauen (wohl als Muster eines exotischen Landes).

Alle diese Fakten kollidieren mit der unausrottbaren Forderung, daß der Tempest ein Spätwerk sei. Daher kann sich die orthodoxe Philologie die Ähnlichkeiten zwischen der *Sidea* und dem *Tempest* bis heute nicht erklären. Eine Quelle, die zwanzig Jahre älter ist als das folgende Werk?

Die Notlösung ist: Shakespeare und Ayrer *müssen* eine *gemeinsame* Quelle haben, die natürlich verloren und auch sonst nicht wieder aufgetaucht ist, wie alle »gemeinsamen Quellen« Shakespeares. Und die »Verschmelzung« der Stoffe muß natürlich vor Ayrer stattgefunden haben. Sogar Ludwig Tieck[7] sieht sich genötigt, diese Verwandtschaft durch eine gemeinsame Quelle zu erklären. Und das alles nur, weil William den *Tempest* geschrieben haben muß, und das nach 1609. Es türmt sich eine Spekulation auf die andere.

Die Existenz eines anonymen »älteren englischen Schauspiels« als gemeinsame Quelle hat sich seitdem in den

Gehirnen aller Shakespeareander als absolute Gewißheit festgesetzt. Daß wir aber unter den englischen Dramen nicht ein einziges finden, das dieser Annahme entspricht, stört diese Gläubigen wenig. Es sei ein Zufall. Daß sich bei Shakespeare derlei Zufälle in einem ungeahnten Maße häufen, stört auch nicht, ist auch Zufall. *Er* ist eben ungewöhnlich.

Die einzig mögliche und plausibelste Erklärung (unter Berücksichtigung des Wirkens der Englischen Komödianten in Deutschland und der Lebens- bzw. Schaffenszeit Jakob Ayrers) ist, daß Ayrer zwischen 1593 und spätestens 1602, wahrscheinlich aber schon viel früher, eine Frühfassung des *Sturm* in Nürnberg gesehen und diese als Vorlage für seine *Schöne Sidea* benutzt hat.

Die sichtbaren Parallelen zeigen, daß der frühe *Sturm* bereits wesentliche Züge des erhaltenen enthielt. Daß Ayrer den Seesturm und den Schiffbruch unberücksichtigt ließ, erklärt sich zwanglos aus der Verlegung der Handlung in einen Wald.

Als Fazit sei festgehalten: es hat zehn bis fünfzehn Jahre vor der behaupteten Entstehungszeit von 1611 eine Frühfassung des *Sturm* gegeben, die nur von Edward de Vere stammen kann.

Eine wichtige Frage, die noch zu klären wäre (aber kaum mehr zu klären ist), ist die, in welcher Form und in welcher Sprache Ayrer den *Tempest* (und auch die anderen Stücke) kennengelernt hat, auf der Bühne oder schriftlich (»prompter's book«?), auf englisch oder deutsch. Ayrer konnte kein Englisch.

Ich darf hier noch (als kluge Überlegung, aber ohne Konsequenzen seinerseits) die Meinung Wilhelm Creizenachs[10] zu einer dieser »gemeinsamen Quellen« Shakespeares und Ayrers anführen. Sie betrifft zwar den *Ur-Hamlet* und Q1, gilt aber mutatis mutandis auch für den *Tempest*.

Wenn wir annehmen, daß der *Bestrafte Brudermord* auf Q1 beruht, dann sind wir vor eine unlösbare Schwierigkeit gestellt, wir mögen nun voraussetzen, daß Q1 vom jungen Shakespeare verfaßt wurde oder von einem anderen der Dichter, die vor 1590 wirkten. Im letzteren Falle müßten wir behaupten, daß alles das, was im *Bestraften Brudermord* mit Shakespeare übereinstimmt, von diesem nicht selbständig geschaffen, sondern von dem Werk seines Vorgängers übernommen wurde. Von diesem müßte Shakespeare alsdann die ganze tiefdurchdachte kunstvolle Anordnung des Stoffes überkommen (sic!) haben, ferner ein Fülle von trefflichen einzelnen Zügen, daß z. B. der Lärm des Gelages in der Nacht auf die einsame Schloßterrasse dringt, daß in der Schwurszene die Stimme des unterirdischen Geistes sich vernehmen läßt, daß Hamlet zu Ophelia sagt, geh in ein Kloster, ferner wie er sich mit Polonius über die Schauspieler unterredet, wie er im verstellten Wahnsinn den Stiefvater neckt und peinigt, wie er im letzten Akt den Höfling verspottet. Kurz, Shakespeare müßte in diesem Falle ein Plagiator, der anonyme Verfasser von Q1 aber einer der größten Dichter aller Zeiten gewesen sein.

Leider zieht Creizenach daraus nicht die einzig mögliche und richtige Folge.

Gerold Wagner

Anmerkungen

1 Gute Charakterisierung: bei Gero von Wilpert, Lexikon der Weltliteratur, s. v. Ayrer
2 darüber ausführlich in meinem geplanten Aufsatz »Die Englischen Komödianten auf dem Kontinent«
3 Merker-Stammler, Reallexikon der deutschen Literaturgeschichte, Berlin 1926/7, Bd. I, 271 ff.
4 Dieser Robert Browne, »the actor« (1563-1623), wird in der Theaterliteratur kaum genannt
5 Merker-Stammler, Bd. 1, S. 271
6 Es wird von der orthodoxen Philologie eine ganze Reihe solcher *Ur-* oder *Pre-Dramen* postuliert, alle von einem Anonymus stammend, so u.a. ein *Ur-Errors*, ein *Ur-Tempest*, ein *Ur-Much ado* usw.; beim sogenannten *Ur-Hamlet* hat man sich nach langem Streit auf Thomas Kyd »geeinigt«, obwohl stilistisch und thematisch alles gegen ihn spricht. Besagter *Anonymus* wäre, danach zu schließen, der produktivste und zugleich beste Autor vor Shakespeare gewesen (siehe unten die Bemerkung von W. Creizenach)
7 Siehe Kevin Gilvary, Dating Shakespeare's Plays, S. 48/9
8 Höchst informativ: Stith Thompson, Motif-Index of Folk-Literature, 6 Bde., Bloomington, Indiana, 1955-58. Das an und für sich informative Buch »Motive der Weltliteratur« von Elisabeth Frenzel (Kröner 1988) bietet nur einen Bruchteil davon.
9 Deutsches Theater, I, S. XXII
10 Die Schauspiele der englischen Komödianten, WBG Darmstadt 1967, S. 132/3

Steckels Shake-Speare
Editionsplan

The Life of Tymon of Athens/Timon aus Athen (2013)
The Tragedie of Macbeth/Die Macbeth Tragödie (2013)
The Tragedie of Anthony and Cleopatra/Antonius und Cleopatra (2013)
The Tragœdy of Othello, the Moore of Venice/Die Tragödie von Othello, dem Mohren von Venedig (2014)
A Midsommer Nights Dreame/Ein Mittsommernachtstraum (2014)
As you Like it/Wie es euch gefällt (2014)
Loues Labour's lost/Verlorene Liebesmüh (2015)
The Life and Death of King John/Leben und Sterben des Königs John (2016)
The Tempest/Der Sturm (2017)

★ ★ ★

The Tragedie of Cymbeline/Cymbeline

Twelfe Night, Or what you will/Die zwölfte Nacht oder Was ihr wollt

The Raigne of King Edward the third/Die Regierung des Königs Edward III.

The Tragedie of King Richard the second/Die Tragödie von König Richard II.

The most lamentable Tragedie of Romeo an Iuliet/Die Tragödie von Romeo und Julia

The Tragedie of Hamlet, Prince of Denmarke/Die Tragödie von Hamlet, Prinz von Dänemark